Susanne Vieser · Beate Gabelt

Frauen in Fahrt

Ingenieurinnen, Designerinnen, Rennfahrerinnen
machen Autogeschichte

Eichborn.

Susanne Vieser arbeitet als freie Journalistin in Stuttgart. Sie beschäftigt sich seit Jahren mit dem Thema Frauen und Verkehr. 1995 erschien von ihr der Buchtitel: Genies in Jeans – Die neuen kreativen Unternehmer.

Beate Gabelt arbeitet nach Studienaufenthalten in den USA, der Schweiz und Japan heute als Designerin in München. Auf internationalen Austellungen wurden ihre technischen Neuerungen bereits mehrfach einem breiten Publikum vorgestellt.

Die Deutsche Bibliothek – CIP - Einheitsaufnahme
Vieser, Susanne:
Frauen in Fahrt: Ingenieurinnen, Designerinnen,
Rennfahrerinnen machen Autogeschichte / Susanne Vieser;
Beate Gabelt. – Frankfurt am Main: Eichborn, 1996
ISBN 3-8218-1400-4
NE: Gabelt, Beate:

© Vito von Eichborn GmbH & Co. Verlag KG,
Frankfurt am Main, August 1996.
Umschlaggestaltung: Christina Hucke.
Fotos: Ernes Merck mit freundlicher Genehmigung von © Konsul Peter Merck.
© BMW AG.
Lektorat: Palma Müller-Scherf.
Layout & Satz: Rüdiger Morgenweck, Offenbach am Main
Druck und Bindung: Legoprint, Italien
ISBN 3-8218-1400-4

Verlagsverzeichnis schickt gern:
Eichborn Verlag, Kaiserstraße 66, D-60329 Frankfurt/Main

Inhalt

Vorwort

Autodesignerin trifft Journalistin: Eine Reportage für Zeitschriften soll entstehen. Das Thema: Frauen und Autos, Frauenautos. Die Designerin hatte das Auto einmal nur aus der weiblichen Perspektive betrachtet, sich an den Wünschen der Frauen orientiert und danach einen Sportwagen konzipiert, der pragmatisch und zeitgemäß, gefällig und auffällig variabel ist. Dieses Modell hatte wiederum die Neugier der Journalistin geweckt: So sind wir zusammengekommen, und aus diesem ersten Treffen entstand die Idee zu diesem Buch.

Denn schon bei der Zusammenarbeit an der Reportage konnte jede von uns dem Thema neue Details und Standpunkte hinzufügen: Die längst vergessenen Namen von Frauen etwa, die die Autotechnik oder -geschichte prägten. Bilder und Bezeichnungen von Automodellen, die extra für Fahrerinnen entwickelt und wirtschaftlich gesehen zu peinlichen Flops wurden. Die Tatsache, daß in einigen Ländern dieser Erde Frauen das Fahren verboten ist. Oder jene, daß unter einer guten halben Million Menschen, die zur Zeit in der deutschen Fahrzeugindustrie beschäftigt sind, sich gerade mal zwei Frauen in einem Vorstand und nur einige hundert in Führungspositionen befinden. Der Schluß lag nahe, daß Autofahren und Frauenbewegung zusammenhängen.

Diese Verbindung einmal hergestellt, war der Plan schnell gefaßt, das Thema Frauen und Auto in einem Buch aufzuarbeiten, Persönlichkeiten nachzuspüren und Daten einer weitgehend unbekannten Geschichte zusammenzutragen. Nicht nur, weil wir selbst fasziniert waren von der Vielschichtigkeit unserer Diskussion, sondern weil wir - vor allem in den folgenden Gesprächen mit Freunden und Bekannten - auf immer größeres Interesse stießen.

Die Arbeit begann mit der Suche in Lexika und Bibliotheken nach den Leistungen von Frauen in der Geschichte des Automobils. Interviews mit Motorsportlerinnen, Trainern, Polizisten, Soziologen und Psychologen über die Fahrweise von Frauen folgten. Schließlich berichteten Managerinnen, Ingenieurinnen, Designerinnen über die eigenen, meist unbefriedigten Wünsche, die Frauen an ein Auto stellen. Nebenbei gaben sie in ihren Beschreibungen auch über ihren Berufsalltag Auskunft: Ihnen allen gebührt an dieser Stelle unser Dank.

Die Recherche für *Frauen in Fahrt* hat unseren Blick auf die Nebensächlichkeiten im Straßen- oder Arbeitsalltag geschult: Wie leicht fallen am Steuer die Worte „typisch Frau", wenn wir uns über einen Fahrer ärgern, der sich nur zögernd in die Kolonne einfädelt. Wie locker muß Frauen das Geld sitzen, wenn sie sich aufgrund ihres technischen Desinteresses überteuerte Rechnungen aufbrummen lassen. Wie schnell lassen Frauen sich das Steuer aus der Hand nehmen, nicht weil's bequemer ist mitzufahren, sondern weil der Konkurrenzdruck nicht nur auf der Straße übermächtig scheint.

Registriert haben wir, daß Frauen in Sachen Auto und Verkehr nicht ernst genommen werden: Ihre Ansprüche an die praktischen Lösungen im Auto verhallen ungehört in der Industrie. Ihre Bedürfnisse im Straßenverkehr werden vorschnell Sparmaßnahmen geopfert. Ihre Umsicht und ihr Verantwortungsbewußtsein beim Fahren wird belächelt, obwohl sie ein erster Schritt zum Umdenken im Verkehr sein könnten.

Bisher waren und wurden Frauen jedenfalls nur ungenügend daran beteiligt, Autos zu verbessern oder den Verkehr zu organisieren. Es ist an der Zeit, daß sich dies ändert. In diesem Sinne will *Frauen in Fahrt* Impulse geben. Die weibliche Sicht der Autodinge läßt Perspektiven einer besseren mobilen Zukunft sichtbar werden. Vielleicht ermutigt dies die eine oder andere, sich eines Reizthemas anzunehmen, sich einzumischen und zu verändern, was im Alltag zunehmend an Wichtigkeit gewinnt.

An dieser Stelle danken wir allen, die uns mit Rat und Tat unterstützt haben, dieses Buch zu schreiben: Denjenigen, die uns Rede und Antwort standen. Denjenigen, die uns in ihren Archiven

stöbern ließen und uns mit interessanten Hinweisen und Fakten förderten. Und schließlich all jenen Freunden, die unsere Arbeit geduldig und kritisch begleiteten.

Wie alles anfing

Am Anfang standen Frauen. Das gilt auch in der Geschichte des Automobils. Wären nämlich die Pioniertaten von Autofahrerinnen nicht gewesen, hätten sich die motorisierten Drei- und später Vierräder nicht in dem Maße durchsetzen und entwickeln können. Zumindest verhalfen die Frauen Anfang des 20. Jahrhunderts dem Automobil zum kommerziellen Durchbruch.

Stärker als ihre Männer glaubten nämlich die Ehefrauen von Tüftlern und Motorenbauern an die Zukunft von Technik und Bewegung durch Motorkraft. Berta Benz, die ihren Mann stets in seinen Plänen bestärkte, ihm Mut machte, dabei kompetente Gesprächspartnerin war und ihm bei seinen Entwicklungen half, ist nur ein Beispiel für die tatkräftige weibliche Unterstützung in der Auto-Genese.

Ganz ähnlich ließ sich in den dreißiger Jahren Nanni Biddle, eine junge, exzentrische und vor allem reiche Amerikanerin, auf das Abenteuer einer Tüftelei mit unsicheren Aussichten ein: Vorwiegend mit Expeditionen und deren Vorbereitungen erfüllt, trifft Nanni auf einer Party in New York den Architekten Buckmaster Fuller, der die langweiligen Formen der damaligen amerikanischen Autoindustrie mit einer neuen Konstruktion revolutionieren wollte. Der Dymaxion, ein schmales, lang gezogenes Dreirad, sollte nicht über die Vorderachse, sondern über das allein stehende Hinterrad gelenkt werden. Er sollte für damalige Verhältnisse unglaubliche 85 Pferdestärken haben, damit eine Geschwindigkeit von 193 Kilometern pro Stunde erreichen und nur noch eine knappe Tonne auf die Waage bringen: Ein Gewicht, das selbst heute die moderne Leichtbauweise noch nicht unterbieten kann.

Ein Prototyp des Dymaxion entstand mit der finanziellen Hilfe von Nanni Biddle: Er war sechs Meter lang und konnte von vier auf zehn Sitzplätze umgerüstet werden. Der Öffentlichkeit vorgestellt, avancierte das windschnittige Vehikel aus Leichtmetall nicht nur wegen seiner ungewöhnlichen Optik in Amerika zur absoluten Sensation. Doch bevor es in Serie gehen konnte - Bestellungen lagen reichlich vor - geschah ein Unfall, der den Ruf des Autos nachhaltig schädigen sollte. Während eines Wettrennens zur Präsentation der Vorteile verlor der Fahrer die Gewalt

6

über den Dymaxion. Es gab einen Toten. Von großen Stück-
zahlen des originellen Gefährts wollte danach keiner mehr
etwas wissen.

Ohne Nanni Biddles Hilfe wäre diese technische
Neuerung in der Schublade verstaubt. Renommierte Autohersteller hatten davon nichts wissen wollen. Leichtes Metall, variable Innenräume und dreirädrige Autos: Das sind
Ideen, die trotz Fehlschlag nichts von ihrer Bedeutung verloren haben und heute wieder aufgegriffen werden, wenn
es um leichte Fahrzeuge mit wenig Kraftstoffverbrauch
geht.

Von solchen Vorleistungen ist in Auto-Geschichten
nichts zu lesen. Wie in der Kunst, in den Naturwissenschaften oder in der Politik werden damit die Leistungen und
Ideen von Frauen mißachtet und für gering geschätzt. Nur
die Namen auf Patenten oder männlicher Erfindungsgeist
scheinen würdig genug, der Nachwelt erhalten zu bleiben.
Weshalb wir zwar viel über Gottlieb Daimler, Rudolf Diesel, Nikolaus-August Otto, John Boyd Dunlop, Werner von
Siemens und andere Motoren- und Karsosseriebauer, Rei-
fenerfinder und Antriebsentwickler wissen, doch wenig
über die Arbeit Frauen im (auto)mobilen Alltag erfahren.

In der technischen Praxis konnten Frauen nur selten
aktiv werden. Die gesellschaftlichen Verhältnisse um die
Jahrhundertwende, den Anfangszeiten des Automobils, ver-
wehrten dem größten Teil Bildungsmöglichkeiten und For-
schungsdrang, gerade im Bereich der sich damals vehe-
ment entwickelnden Technik und Naturwissenschaften.
Marie Curie blieb Ende des 19. Jahrhunderts die Ausnahme.
In den vermögenden Kreisen des Adels und des aufstre-
benden Bürgertums – den
Schichten also, die sich damals Bildung
und Studi-

um überhaupt leisten konnten - hatte sich als Folge der Industrialisierung der häusliche Alltag immer weiter vom beruflichen getrennt. Die Rollen der Geschlechter wurden noch eindeutiger festgelegt. Mehr als ihre Brüder waren die jungen Frauen im letzten Jahrhundert vom Geldbeutel des Vaters und im Alter von den Finanzen des Ehemannes abhängig.

Die Mädchen begüterter Familien wurden auf ein schöngeistiges Leben vorbereitet. Sie waren der Küche, der Kirche und den Kindern verpflichtet, möglicherweise noch der Kontrolle über das Personal, nicht aber beruflichem Fortkommen. Selbst wenn in der Familie die Mittel zur Verfügung gestellt wurden - spätestens die Professoren oder Kommilitonen hätten die Experimentierfreude von Wissenschaftlerinnen gebremst: Eine Situation, die sich erst in der Gegenwart und auch nur schleppend zu ändern beginnt.

Die Leistungen der Frauen beschränken sich deshalb besonders auf den Gebrauch eines Fahrzeuges. Doch auch in Berichten von frühen Expeditionen, Langstreckenfahrten oder sportlichen Erfolgen fehlen die Namen von Fahrerinnen - vielleicht, weil nicht noch mehr Frauen auf „den dummen Gedanken" gebracht werden sollten, es den Siegerinnen von Rennen oder den Abenteurerinnen nachzutun? Offenbar erschien aber selbst den Frauen das, was sie in oder mit einem Automobil fertig brachten, nicht der Rede wert zu sein, geschweige denn ein Buch oder einen Zeitungsartikel. Erst in unseren Tagen begreifen Frauen, daß Klappern zum Geschäft wie zum Erfolg gehört. Nur äußerst mühsam lassen sich also die Taten von Autofahrerinnen der Vergangenheit belegen. Zudem sind Zeitschriften oder Bücher, in denen sich Hinweise finden könnten, zerstört, vergessen oder unauffindbar.

Wenn nicht in den letzten Jahren des 19. Jahrhunderts, dann aber spätestens im beginnenden 20. Jahrhundert beweisen immer mehr Frauen, wozu sie mit vier Rädern und einem Motor fähig sind. Forderungen, wie die nach Emanzipation und Gleichberechtigung, entstehen nicht aus heiterem Himmel. Auch wenn Emmeline Pankhurst in London 1903 eine der ersten ist, die sich öffentlich für die Rechte der Frauen einsetzte und stritt - die Gruppe derer, die Forderungen stellte, wurde auch im Privaten größer. Die *Women's Social and Political Union* der „Suffragette" Pankhurst fand in den ersten Dekaden des neuen Jahrhunderts schnell Anhängerinnen und Nachahmung. Frauen suchten sich daraufhin andere Ziele und setzten diese gegenüber Familie und Freunden auch durch.

Das Automobil, diese neu entstandene Technik, wird dabei zum Vehikel für Selbstverwirklichung und Frauenrechte. Zumindest für jene, die sich ein solches Gefährt leisten konnten. Es waren dementsprechend die Damen der Gesellschaft, insbesondere die des vermögenden Bürgertums. Sie fühlten sich zudem an die starren, unzeitgemäßen Konventionen des Adels nicht mehr gebunden. Genossen Freiheiten und fanden auch die Muße, ihre Situation zu überdenken. Aus Prestigegründen - jeder sollte sehen, was man sich leisten konnte - stellten zudem Ehemänner oder Väter die Mittel zur Verfügung, eine teure Limousine fertigen zu lassen.

Natürlich sind den konservativen Zeitgenossen autofahrende Frauen suspekt. In den Zeitungen und Zeitschriften dieser Jahre stehen deshalb immer wieder Warnungen vor Frauen am Steuer. Richter oder Bürgermeister versuchen erfolgreich, die Mobilität der Frauen zu bremsen. Der Grund liegt auf der Hand: Zeigen die Damen, wie leicht Leistungen zu erbringen sind, die den Männern gebühren, dann bringen sie deren Status gehörig ins Wanken.

Luxus Auto

Um 1905 kostete ein Automobil zwischen 8000 und 25600 Reichsmark - in etwa soviel, was auch ein Haus kostete. Für Autoreifen, die gerade 5000 Kilometer hielten, waren rund 300 Reichsmark fällig. Der Durchschnittslohn lag in dieser Zeit um 1000 Reichsmark. Ab 1919 wurden Limousinen mit einer Luxussteuer von 15 Prozent belegt.

Ein Zwiespalt tat sich auf: Autoherstellern und -verkäufern war die werbeträchtige Fernfahrt einer Berta Benz noch gut in Erinnerung. Sie hatte den Kritikern und Zauderern bewiesen, wie leicht und ungefährlich Autos zu handhaben waren - war sie doch als Frau mit diesem knatternden Ungetüm fertig geworden, das damals noch viele Zeitgenossen verschreckte. Die Firmen nutzten die Überzeugungskraft dieses Arguments und ließen daher für Werbeplakate Frauen hinter die Lenkräder zeichnen. Das zog: Immer mehr Männer erstanden eine Limousine, für die sie von Frauen begeistert worden waren.

Auch Frauen verstanden es, die aus diesem Zwiespalt entstandene Lücke für sich zu nutzen. Herzogin Anne d'Uzès war eine von ihnen. Dabei wollte sie an der Autogeschichte eigentlich gar nicht mitschreiben. Pferde und Kutschen fand die französische Adlige schöner, lebendiger und edler, den Besitz eines Automobils dagegen gar nicht erstrebenswert. Es lärmte, verpestete die Luft, verschreckte Tier und Mensch. Trotzdem machte sich die in Paris lebende Frauenrechtlerin weniger einen Namen durch ihre liberalen Ansichten und Skulpturen, sondern als erste Person, die einen Führerschein ablegte. Dies geschah 1898 in Paris, vor den gestrengen Augen dreier Prüfer und erregte einiges Aufsehen. Damit war zudem die Regel eingeführt, nach der alle Fahrer ihre Kompetenz zum Lenken eines Autos unter Beweis stellen müssen. Auch in Deutschland ist es übrigens eine Frau, deren Name die erste Lizenz zum Fahren ziert: Amalie Hoeppner bestand ihre Prüfung 1909 in Leipzig.

Auf das Konto von Herzogin d'Uzès geht auch die erste Strafe: Statt mit den erlaubten zwölf Stundenkilometern wurde die Dame hinterm Steuer im Bois de Boulogne bei Paris mit Tempo 13 km/h erwischt. Man verwarnte sie und brummte ihr eine Geldbuße auf. Offensichtlich machte, nachdem sie ihre Vorbehalte überwunden hatte, der Herzogin Fahren und Geschwindigkeit Spaß. Wie aber die Flics damals die Geschwindigkeit maßen, wird leider nicht erwähnt.

Führerscheine
1919 wurden 23592 Führerschein-Prüfungen abgelegt, 1924 waren es schon 121431, 1934 dann 445100. Nach Kriegsausbruch sank diese Zahl rapide: 1940 werden nur noch 210044 Führerscheine in Deutschland ausgegeben.

In die Zeit um die Jahrhundertwende fallen auch die ersten Gründungen von Damen-Autoclubs. In Frankreich tut sich auf diesem Terrain ebenfalls Anne d'Uzès hervor, in Italien ist es die Gräfin Eleonore d'Albrizzi, die die Autofahrerinnen von Venetien in einer Organisation vereinigt. In Deutschland formieren sich ähnliche Vereine, die nicht nur gemeinsame Ausfahrten planen, sondern auch überlegen, wie Sicherheit und Fahrkomfort zu verbessern seien. Diese Autofahrerinnen beeinflußten Mechaniker und Karosseriebauer, bei denen damals Automobile noch in Auftrag gegeben wurden: „Die einzelnen Teile, aus denen das Automobil aufgebaut war, wurden in der betreffenden Werkstatt teils maschinell, teils in Handarbeit gefertigt, jedes für sich, und sodann manuell zu einem Wagen montiert." So beschreibt die *Geschichte der Technik* das Entstehen früherer Autos.

Schon um 1905 beginnen die ersten Frauen als Fahrerinnen ihr Geld zu verdienen. Die ersten Taxis kommen auf und mit ihnen die „Chauffeusen". Über die erste auf Londons Straßen berichtet 1909 in Deutschland die *Allgemeine Automobil-Zeitung*: „In London ist jetzt die erste Chauffeuse in Gestalt einer jungen, hübschen Irländerin aufgetaucht, die einen 14 PS Wagen führt, da ihr die Polizei untersagt hat, eine Autodroschke zu führen und auf den Taxahaltestellen einen Platz einzunehmen." Die ehemalige Krankenschwester, die sich zuvor im afrikanischen Burenkrieg verdient gemacht hatte,

Automontage
Bis weit in die zwanziger Jahre hinein dauerte es einen Monat, bis ein Automobil fertig gestellt war: in zehn Tagen wurde der Motor zusammengesetzt, acht Stunden brauchte der Spengler, um einen Kotflügel zu formen. Für Ausstattung und Lackierung waren drei Wochen nötig. Mit der Einführung von Fließbändern, 1925, sanken Produktionszeit und Autopreise.

konnte aufgrund der geltenden Fahrverbote für Frauen nur über eine Garage und nicht - wie üblich - über eine Zentrale engagiert werden. Sie bekam einen Stundenlohn von zehn Reichsmark, ein durchaus üppiges Gehalt. Doch wurde es nur gezahlt, wenn auch chauffiert wurde. Das kam aufgrund des damals noch herrschenden Mißtrauens gegen das Auto selten vor. Angeblich war die namenlose Irin dennoch mit ihrem „neuen Handwerk zufrieden".

Auf jeden Fall war es aber auch eine anstrengende Arbeit, die diese Frau und ihre Kollegen hinterm Steuer verrichteten. Witze und Anekdoten aus dieser Zeit werfen ein Licht auf die Fahrverhältnisse, die nicht nur Kraft und Nerven kosteten, sondern auch viel technisches Gespür und handwerkliches Können erforderten. Dazu ein Hinweis aus der *Propyläen Technikgeschichte*: „Die Metall- und Vollgummireifen und die ungenügende Federung dämpften kaum die Stöße auf den schlaglöcherübersäten Straßen. Eine längere Strecke ohne Reparaturen zurückzulegen, grenzte schon an ein Wunder. Täglich mußte der Wagen gewartet werden. Technische Versiertheit erwies sich als sehr vorteilhaft."

Fahrzeuge waren Handarbeit und Einzelstücke, und als solche unberechenbar. Lenken war sperrig, unbequem, anstrengend, kurz: ein Kraftakt. Von Motorsportlern wie auch von Taxifahrern sind deshalb blutende Handflächen überliefert oder verbrannte Beine durch die Überhitzung des Motors, durch spritzendes, heißes Öl und durch die mangelhafte Isolierung des Motorraumes. Pannen gehörten zum Fahren dazu wie die Kurbel zum Starten des Motors. Chauffeure wie Chauffeusen mußten auf der Straße Hand anlegen können.

Die Zeitgenossen staunten deshalb über die Frauen, die sich diesen Strapazen freiwillig aussetzten, die Männerberufe ergriffen, lange Autoreisen unternahmen oder im Motorsport um Lorbeeren rangen. Die Fahrten über lange Strecken waren überdies gefährlich, zumal über Ländergrenzen hinweg. Diebe konnten die noch langsamen Autos leicht stoppen und ihre Fahrer ausrauben. Nicht nur der größeren Bequem-

Taxi-Geschichte
Die ersten Taxis wurden mit Petroleum betrieben und fuhren in Paris. Eine Fahrt kostete etwa 1,50 Franc pro Fahrt oder zwei Franc pro Stunde. Diese Gefährte waren nicht schnell, sie schafften gerade 20 Kilometer pro Stunde, blieben oft liegen. Renault integrierte 1904 in den Zweizylindermotor einen Taxameter, durch den die gefahrene Geschwindigkeit wie auch die Entfernung gemessen und die Kosten berechnet werden konnte.

Auto-Produktion
Zahlen verdeutlichen, wie schnell sich die automobile Fortbewegung entwickelte: Weltweit gab es um die Jahrhundertwende etwa 12.000 Autos, allein in Europa waren es 8.500. 1901 wurden in Deutschland 900 Neuwagen in Auftrag gegeben. 14 Jahre später rollten über deutsche Straßen 64.000 Autos, über amerikanische über 1,7 Millionen. 1930 wurde in Deutschland der 100.000 Wagen zugelassen, dank Fords Fließbänder sind zu diesem Zeitpunkt in den Vereinigten Staaten annähernd 25 Millionen Autos angemeldet. Heute fahren allein in Deutschland weit über 40 Millionen Autos.

lichkeit wegen reiste man damals noch bei Langstrecken mit dem Zug oder in der Kutsche. Weshalb Langstreckenfahrten vor allem zu sportlichen Ehren ausgeführt wurden.

Doch schon bei den ersten dieser Wettkämpfe mischten Frauen mit. Die Französin Camille du Gast stand seit 1901 regelmäßig auf den Teilnehmerlisten. Bei diesen Rennen ging es zwar auch um Tempo, mehr aber um Ankommen und Bestehen des Rundkurses über mehrere hundert Kilometer. Zunächst rollte sie mit ihrer motorisierten Droschke von Paris nach Berlin und fuhr als 15. ins Ziel. Drei Jahre später, als es die rund 1.000 Kilometer von Paris nach Madrid zu überwinden galt, lag sie an vierter Stelle. Doch wurde dieses Rennen nicht gewertet, weil es unterwegs zu viele Ausfälle von Teilnehmern und gemeldeten Fahrzeugen gab.

Auch in den Folgejahren, als die Autos schneller, die Pisten besser und die Rennen kürzer wurden, standen Frauen auf den Siegerpodesten oder plazierten sich auf den vorderen Rängen. Maria Antoinette D'Avanzo, römische Baronesse, war 1921 die Trumpfkarte des Alfa Romeo-Teams. Sie fuhr mit einem Alfa ES 20 um Sieg. Wenige Jahre später folgten ihr Ernes Merck, die Frau des deutschen Industriellen Wilhelm Merck, oder die Tschechin und Bankiersgattin Elisabeth Junek und viele andere Sportlerinnen auf die Siegertreppchen.

Faszinierender klingen in unseren Ohren jedoch die Fernreisen per Automobil: Vor allem hier tun sich Frauen hervor. Clärenore Stinnes, Industriellentochter aus dem Rheinland, ist ein Beispiel oder die englische Baroneß Cambell von Laurentz. Sie brachte ihren Mann - einen begeisterten Eisenbahnfahrer - dazu, für größere Touren das Auto zu nehmen. Natürlich saß dann sie am Steuer. Für eine Autoreise an die Riviera erfand die Baroneß das passende Gepäck: Einen ledernen Reisekoffer, in den die Siebensachen für zwei Personen paßten und der sich mittels eines Lederriemens auf das Heck schnallen ließ. Derart ausgerüstet durchquerte sie 1911 in einem Rolls Royce Silverstone Nord-Amerika: eine Pioniertat, deren strapaziöse Begleiterscheinungen nur im Vergleich mit der Weltreise von Clärenore Stinnes zu ermessen sind, die diese rund 15 Jahre später antrat.

12

Wenige Jahre später stand Cambell von Laurentz' Erfindung in jedem Fertigungsprogramm von Limousinen, den bewährten Reisekoffer gab's ab Werk. Ähnlich reiselustig und erfinderisch gab sich die Engländerin Dorothy Levitt, die zudem als erste Motorjournalistin schrieb. Sie riet ihren Leserinnen, auf einsame Fahrten mindestens einen Hund, besser noch einen Revolver mitzunehmen. Der mobilen Nachwelt hinterließ sie den Rückspiegel. Dorothy Levitt hatte ihre Limousine nämlich mit vier Spiegeln ausgestattet: an den Außenseiten je einer und in der Mitte, neben dem Steuer zwei. Wurde diese Eigenart zunächst mit überhöhter Eitelkeit verbunden und verlacht, entdeckten Konstrukteure erst 1919 den Wert dieser Einrichtung. Bis dahin hatte die kompetente Autokritikerin vergebens argumentiert, wie notwendig es für die Sicherheit sei, mit Hilfe von Spiegeln auch das Geschehen hinter dem Auto verfolgen zu können.

Spektakulär waren auch die Fahrten und Reisen der italienischen Fürstin Anna Maria Borghese. Zusammen mit ihrem Mann wurde sie als erfolgreiche und wagemutige Teilnehmerin von Langstrecken-Rennen bekannt. 1907 nahm das Paar an einer Rallye teil, die sie 15.000 Kilometer weit von Paris nach Peking bringen sollte. Eine Tour, die noch heute kaum im Auto bewältigt wird, damals aber neben Können vor allem die Bereitschaft erforderte, fast unmenschliche Torturen auszuhalten. Leider ist von dieser Fahrt nur wenig überliefert. Sicher ist allerdings, daß die beiden ihr Ziel erreicht haben.

Von ganz ähnlichen Bemühungen einer Frauengruppe berichtet 1928 auch die Auto-Zeitschrift *Motor* in ihrer September-Ausgabe: Drei Damen waren in Berlin aufgebrochen zu einer Autoreise, die sie ins ferne Bagdad (heutiger Irak) bringen sollte. Das Trio startete ohne jede männliche Begleitung. Infolgedessen haben sie nicht nur allerhand von Autos und Motoren verstanden, neben den technischen Unwägbarkeiten ihrer Limousinen mußten sie ständig damit rechnen, schlechtere oder sogar keine Straßen vorzufinden. Das Ende dieser Expedition ist jedoch ungewiß: Ob die Damen jemals an- oder zurückkamen, wurde nicht überliefert.

Gegen Widerstände stieß auch Charlotte Priesner - weil sie früh in eine Männerdomäne einbrach. Die 1903 geborene Coburgerin wollte Privatchauffeurin werden, absolvierte dazu 1928 als erste Frau in Berlin eine Mechanikerlehre. Doch einen Arbeitgeber suchte sie danach vergeblich. Niemand wollte wahrhaben, daß selbst eine zierliche Frau eine schwere Luxuslimousine bewegen konnte.

13

Weshalb Charlotte Priesner zunächst als Automechanikerin und Taxifahrerin, schließlich als Stewardess und - nach dem Zweiten Weltkrieg - endlich auch als Fahrerin für Post und Wäsche ihre Brötchen verdiente. Die ehemalige Apothekerin aus Coburg beendete ihre Laufbahn in den Fünfzigern als Revuefahrerin - und genoß als solche das Glitzerleben, das sie als Privatchauffeurin einst gesucht hatte.

Ein ganz anderes, eher als weiblich geltendes Kapitel der Autogeschichte schrieben dagegen Sonia Delaunay-Terk und mit ihr noch einige andere Künstlerinnen. Sie hatte 1925 die Idee, das Blechkleid eines Autos mit Simultanfarben zu verschönern, wie sie diese nannte. Der Wagen war in den Farben und Mustern ihrer damals sehr bewunderten Simultankleider und Stoffe lackiert: in blauen, roten und grünen Vierecken. Ziel ihres Vorgehens war eine Symbiose von Kunst und Umwelt. Stoffe und Lack sollten den städtischen Lebensraum widerspiegeln. Von dem 1925 in München vorgestellten Original existieren heute nur noch Schwarz-Weiß-Fotos. Doch 1967, zwölf Jahre vor ihrem Tod, realisierte die Künstlerin ihren Plan erneut und gestaltete in hell- und dunkelblauen sowie roten, grünen und beigen Quadraten einen Matra, ein Auto, das eine gewisse Ähnlichkeit zu einem Citroen hat.

Die Idee von den zur Kleidung passenden Karosserien wurde später von den Konstruktivisten des Bauhauses wieder aufgegriffen, wie auch von unzähligen Teilnehmerinnen der damals weit verbreiteten Autoschauen, während derer sich Frauen zusammen mit edlen Limousinen präsentierten.

Das Auto passend zur Kleidung (oder umgekehrt) - damit fiel auch die Malerin Tamara de Lempicka auf. Eher aus modischen Gründen hatte sie beides verbunden. Doch wurde dies hübsche Zusammenspiel ein gern gesehenes Motiv in ihrer Malerei. Ihr 1925 für die Zeitschrift *Die Dame* entstandenes Titelbild, ein Selbstportrait im Auto, ziert heute viele Berichte, die von Autofahrerinnen handeln. Es entstand als Auftragsarbeit. Die Chefredakteurin des Frauenmagazins war auf die Malerin aufmerksam geworden, weil diese von sich behauptete, nur in farblich passender Kleidung Auto zu fahren.

Tamara im grünen Bugatti, das Bild einer selbstbewußten Frau, wurde in Folge oft kommentiert. Die *New York Times* nannte die Lempicka 1978 deswegen „stahläugige Göttin des Automobilzeitalters" und das *Auto-Journal* meinte 1974: „Das Selbstporträt von Tamara de Lempicka ist ein echtes Bild der unabhängigen Frau, die sich durchzusetzen weiß. Ihre Hände sind behandschuht, sie ist behelmt und unnahbar; eine kühle verwirrende Schönheit." Das Bild zeigt nicht nur die Freiheit Tamara de Lempickas, sondern verdeutlicht die Selbstverständlichkeit der (reichen) Frauen damals im Umgang mit der Mobilität auf vier Rädern.

Erstaunlicherweise ließ das Auto andere Künstlerinnen kalt: Keine Schriftstellerin ließ sich wie männliche Kollegen vom Thema Auto oder Fahren inspirieren. Selbst Françoise Sagan, die gerne schnell fuhr und auch durch einen Autounfall starb, läßt keine ihrer Heldinnen ans Steuer. Auch Filmemacherinnen haben sich kaum des Themas angenommen. Wie überhaupt die Auseinandersetzung mit der Technik generell oder der Alltag von Ingenieurinnen oder Mechanikerinnen nur selten in den Werken von Künstlerinnen zu finden ist.

Die Autogeschichte hat ihren weiblichen Teil - auch wenn von diesem nur

Auto-Kino

Der amerikanische Film *Thelma und Louise* entdeckte 1991 das Thema Frau und Auto: Fahren wird hier zum Symbol für Emanzipation und Selbsterfahrung der beiden Heldinnen. Ein aussichtsloser Weg in schönsten Bildern: Sogar im ausgehenden 20. Jahrhundert sprengen befreite Frauen Konventionen und können daher auch im Film nur die Flucht nach vorn, in den Abgrund und ins Nichts, wählen. (Louise: Susan Sarandon, Thelma: Geena Davis, Regie: Ridley Scott, Buch: Callie Khouri, United Artist 1991.) Noch ein Road-Movie, der die Entwicklung von weiblichem Selbstbewußtsein schildert, ist Percy Adlons „Out of Rosenheim": Er erzählt die Geschichte einer Bayerin (Marianne Sägebrecht), die den Start ins eigene Leben wagt, indem sie bei ihrem Mann auf einem amerikanischen Highway aussteigt.

selten die Rede ist. Heute, da Entwicklungen in der Moto-
ren- oder Karosserietechnik weniger spektakulär und in
kleinen Schritten stattfinden, da außerdem fast alle Ziele
dieser Welt im Auto erreicht wurden, da sogar im Motorsport Rekorde kaum Aufsehen erregen, bleibt nicht mehr
viel Raum, Fahrer-Persönlichkeiten zu bilden. Höchstlei-
stungen finden heute verschwiegen in Laboren statt.

Berühmte Autofrauen gibt es doch

In großen Teilen muß der weibliche Part der Autohi-
storie erst noch geschrieben werden. Selbst in Motorsport-
geschichten werden Fahrerinnen nur selten aufgeführt -
trotz ihrer Erfolge. Von anderen umtriebigen Frauen ist
wenig zu erfahren. Die hier vorgestellten stehen für viele
andere Pionierinnen, deren Leistungen entweder mißachtet oder deshalb nicht publik wurden, weil die Frauen vor-
sichtshalber unter Männernamen starteten bzw. schrieben.

Berta Benz

Ohne Berta Benz wäre das Automobil bestimmt nicht
so schnell in die Gänge gekommen - das geben inzwischen
auch Autohistoriker zu. Eine Biografie der tatkräftigen,
praktischen Frau, die 1849 in Pforzheim geboren wurde,
sucht man jedoch vergebens: Ihr Einfluß auf Carl Benz, der
den ersten motorisierten Wagen patentieren ließ, wird
meist zur Nebensache stilisiert, zur Anekdote aus Dankbar-
keit, für die eine Widmung oder ein paar Sätze ausreichen.

Doch Carl Benz, der als einer der Erfinder des Automobils in die Geschichte einging, „brauchte immer jemanden zum Anschieben, Gang einlegen oder Lenken", wie einige Biografen feststellen. Caecilie Berta Ringer bot dem
Ingenieur und Tüftler eben jene Antriebskraft, die dieser
für seine Erfindungen brauchte. Die beiden lernten sich in
Pforzheim kennen, wo Carl Benz Ende der sechziger Jahre
des letzten Jahrhunderts als Ingenieur den Bau einer Brük-
ke verantwortete.

Sie heiraten 1872. An die mehrjährige Verlobungszeit
erinnerte sich Berta Benz 1936 in einem Interview der
Zeitschrift *Berliner Hausfrau*: „Ich bin wohl überhaupt
der erste Mensch, der gewußt hat, ein Auto soll gebaut wer-

16

den. Ende der 60er Jahre lernte ich meinen Mann in Pforzheim kennen, als er beim Brückenbau war. Zuerst sprach er davon, daß es mit Dampf angetrieben werden sollte. Eigentlich sollte es erst nur ein Fuhrwerk für ihn selbst werden. Aber er war doch schon immer der Meinung, er wolle auch die Welt vorwärts bringen. Aber in der Zeit dann haben wir nicht allzuoft vom selbstfahrenden Wagen gesprochen ... als Braut hat man ja schließlich anderes zu tun."

Carl Benz war sich der Qualitäten seiner Angebeteten bewußt und würdigte deshalb auch gern die Rolle, die sie in seinem Leben und für seine Arbeit spielte. Er schrieb in seinen Erinnerungen: „In Pforzheim war mir das Glück begegnet. Jung und Schön! Berta Ringer hieß das temperamentvolle Pforzheimer Kind, das fortan mitbestimmend und mitberatend in den Kreis meiner Ideen und Interessen trat." Ohne viel von Technik zu wissen - das Verständnis für Motoren und Antriebsketten reift erst mit den Ehejahren - unterstützt die junge Frau das Anliegen ihres Verlobten. Ohne Zweifel an dessen Erfolg läßt sich Caecilie Berta Ringer noch vor der Hochzeit die Mitgift auszahlen und steckt das Geld, etwas mehr als 4244 Gulden, in die Entwicklungsarbeit und Fabrik von Carl Benz, in die gerade gegründete „Eisengießerei und mechanische Werkstätte" in Mannheim. 1874, zwei Jahre nach der Heirat, begann Carl Benz mit den Zeichnungen und Berechnungen für einen Motor, seine Fuhrwerkspläne konkretisierten sich - auch durch die Denkanstöße seiner Frau. „Wir haben dauernd über seine Pläne gesprochen", erzählte Berta Benz im Alter. „So wurde ich dann sehr vertraut mit aller Technik."

Nebenbei drückten allerdings ganz andere Sorgen: Die wirtschaftliche Depression von 1873 hatte auch am Betrieb gerüttelt, 1876 wurde gepfändet. Das Auskommen der inzwischen fünfköpfigen Familie war gefährdet, Carl Benz am Verzweifeln. Erst sehr viel später gab auch Berta Benz zu, wieviel Kraft ihr diese „verzweiflungsvollen" Anfänge abverlangt haben. In diesen schweren Jahren vermittelt sie ihrem Mann jedoch Kraft und Vertrauen, spornt ihn

zum Weitermachen an. Jahre später, 1879, in der Silvesternacht, sollte die laut knatternde Zukunftsmusik der ersten
Tüfteleien in der Remise erklingen: „Weihnachten war
sehr bescheiden gewesen, wir hatten ja unser ganzes Geld
in den Motor hineingesteckt", meinte Berta Benz später.
„Ein-, zweimal zündete er ja; aber laufen, richtig laufen
wollte er nicht." In der Silvesternacht motivierte Berta
Benz ihren Mann zu einem letzten Probelauf - und siehe da,
der Motor sprang an, lief rund und regelmäßig. „Alle meine
Hoffnungslosigkeit, mit der ich in der letzten Zeit in die
Zukunft gesehen hatte, war verschwunden", berichtete die
Ehefrau des Erfinders im Alter.

Ein weiterer Kredit war nun sicher - und endlich begann die Mannheimer Werkstatt sich zu rentieren. Die neu-
en Kraftmotoren brachten Geld, Benz gründete eine weitere Firma, die „Benz & Cie, Rheinische Gasmotoren-Fabrik",
und konstruierte dort Antriebe für kleine Kutschen ohne
Pferde. Er ersetzte seine Werke wenig später durch Vier-
takt-Motoren mit elektrischer Zündung - Berta Benz flickte
derweil ohne Nähmaschine. Denn Ehemann Carl hatte den
Dynamo ausgebaut und als Zünder für seinen Motor
zweckentfremdet.

Die Testläufe des ersten motorisierten Dreirades begannen 1886, Berta Benz saß immer obenauf auf dem
Kutschbock: „Es war immer noch schwer - Versuchsfahr-
ten!" seufzte sie noch in der Erinnerung. „Und wenn wir
dann heimgekehrt sind, und wir sind ohne Schieben heimgekehrt, war das ein Freudentag für uns." Zum Verschnau-
fen gab es allerdings wenig Zeit: Die Bürokratie der damaligen Zeit erlaubte Fahrzeuge, die sich aus eigenem Antrieb
bewegten, noch nicht. Die Benz-Familie mußte sich Erlaub-
nisscheine erkämpfen, und diese geboten, die neue Technik nur auf kurzen Strecken zu erproben.

Auch in den Ortschaften, in die die ersten Testfahrten
führten, gab es Schwierigkeiten: Bürger beschwerten sich
ob der lauten, stinkenden Belästigung, Pferde scheuten vor
dem Lärm. Das hatte Auflagen zur Folge. Nebenbei fanden
die neuen Gefährte kein Interesse, es fehlten potentielle
Kunden und damit wieder die Finanzen, um weiter zu tüf-
teln. In Berlin hatte Kaiser Wilhelm II. von „Stinkkarren"
gesprochen, und die Mannheimer spotteten über die ge-
fährlichen, nutzlosen „Chaisen" ohne Pferde.

Wieder war Carl Benz dieser Kritik nicht gewachsen.
Ihn deprimierte das Unverständnis seiner Zeitgenossen,
obwohl er schon zur „Kraft- und Arbeitsmaschinen-Aus-
stellung" eingeladen war, und man in München mit Spannung die Erfindungen aus Mannheim erwartete. Wieder

war es Berta Benz, die im Sommer 1888 für bessere Stimmung sorgte: Von ihren Söhnen Richard und Eugen animiert, startete sie die erste Langstreckenfahrt.

In den frühen Morgenstunden eines Augusttages 1888 verließen die drei auf dem „Modell Nummer 3" die Mannheimer Werkstatt - Carl Benz verschlief das Ereignis - er wähnte seine Familie im Zug und hätte sicherlich auch einiges an diesem Unterfangen auszusetzen gehabt. „Ich bin doch aus Pforzheim. Und meine Mutter, die war eine begeisterte Anhängerin von unseren Wagen", begründete Berta Benz viel später ihre Bereitschaft zum Risiko. Sie wußte außerdem, daß ihre Mutter an Pferden hing und zeit ihres Lebens bedauernd mitangesehen hatte, wie sich die Tiere an den Hügeln des Schwarzwaldes quälten. „Sie würde glücklich sein, es zu erleben, daß einmal die Pferdekraft im Fuhrwerksverkehr durch Maschinenleistung ersetzt wäre, pflegte sie oft zu sagen", erzählte Berta Benz. Was also lag näher, der Mutter jene Erfindung zu demonstrieren, die Pferde entlastete?

Auf den 180 Kilometern von Mannheim nach Pforzheim war die Panne ein stetiger Begleiter: Mehrmals mußten die ledernen Bremsbeläge beim Schuster ausgewechselt werden, danach verstopfte die Benzinleitung, ein andermal funktionierte die Zündung nicht mehr. Dank Hutnadel und Strumpfband konnten diese Malaisen behoben werden. Anstrengender waren jedoch die Bergstrecken, auf denen Berta zusammen mit Sohn Eugen das Gefährt schoben, während der leichtere Richard steuerte. Auch die Benzin- und Wasserversorgung bereitete Probleme: Nur selten hatten die Apotheken entlang der Strecke genügend Ligroin zur Verfügung. Etwa alle zwanzig Kilometer mußte an Bächen, vor Wirtshäusern oder Bauernhöfen gestoppt werden, um das Kühlwasser auszuwechseln. Erst in der Nacht war deshalb das Ziel erreicht, und Vater Benz erhielt das beruhigende Kabel über die glückliche Jungfernfahrt.

Der Erfolg dieser Premiere erregte Aufsehen: zunächst in Pforzheim, wo das Vehikel schnell zur Volksbelustigung arrivierte, danach in München, wo Carl Benz Zweifler auf die glückliche und einfache Fahrt verweisen konnte. Berta Benz blickte zu recht stolz auf ihre erste Testfahrt zurück, sie meinte später: „So hab' ich als erste gezeigt, daß dem ‚Papa Benz' sein Automobil auch für weite Strecken gut ist. Und auf meinen Vorschlag hat er dann noch einen dritten Gang eingebaut für Bergfahrten. Und den haben heute noch alle Autos auf der Welt. Da bin ich sehr stolz darauf."

Berta Benz' Mut hatte die größten Zweifel am Nutzen der ersten Automobile beseitigt und den motorisierten Gefährten eine Perspektive eröffnet. Die resolute Pforzheimerin begleitete auch in den folgenden Jahren die Geschicke ihres Mannes mit Engagement und Kompetenz. Mit Stolz verwies sie stets auf dessen Können: „Wann immer gesagt wird, mein Mann hat das Automobil erfunden, dann muß man sich einmal klarmachen, was das eigentlich heißt. Es mußte also alles selbst erst erdacht werden: Zündung, Vergaser, Kühlung, die Kraftübertragung, das Differential, und als wir begannen, auch vierrädrige Wagen zu bauen, mußte auch eine Steuerung erdacht werden." Ihren eigenen Anteil an den Erfindungen sparte Berta Benz dabei selbstverständlich aus.

Natürlich erlaubte die Mutter ihrer Tochter das Autofahren. Karla Benz erinnerte sich gern an die Ausfahrten mit ihrem Vater und an ihre Touren als 15jährige, die sie quer durch Mannheim unternahm. Carl Benz jedenfalls wußte jederzeit, was er an seiner Frau, die 1944 starb, hatte: „Sie war wagemutiger als ich und hat einst eine für die Weiterentwicklung des Motorwagens entscheidende, sehr strapaziöse Fahrt unternommen."

Mercedes

Die Personenwagen aus dem Hause Daimler-Benz sind nach einer Frau benannt: Mercedes Jellinek war die Tochter des ersten Generalvertreters der Marke, Emil Jellinek. Dieser meldete 1899 seinen Daimler-Phönix unter dem Namen seines Kindes an. Das brachte ihm Glück - und verbreitete rasch den Namen. Seit 1902 ist der Name „Mercedes" als Marke gesetzlich geschützt.

Clärenore
Söderström-Stinnes

Die erste Weltreise im Auto konnte nicht nur achtzig Tage dauern: 1927, als sie begann, gab es in den wenigsten Ländern der Welt Straßen. Technik, Ausstattung und Zubehör eines Autos steckten noch in den Kinderschuhen und waren äußerst anfällig für Pannen. Das alles hielt die Journalistin und Rennfahrerin Clärenore Stinnes nicht ab, dieses Abenteuer zu planen und in mehr als zwei Jahren auch durchzuführen.

Kaum vorstellbar sind heute die Strapazen, die die zarte Person auf sich nahm, um die insgesamt 46.758 Kilometer zurückzulegen. In einem ihrer Erfahrensberichte ist oft von Hunger die Rede, weil sich Etappen durch schlechtes Wetter oder unwegsames Gelände längten und der Proviant ausgegangen war. Sie selbst erzählte von Sprengungen in den peruanischen Anden, als Berge und Geröll den Weg versperrten. Oder von gefällten Bäumen, die über Schlamm gelegt eine Schneise befahrbar machen sollten. Zwei Männer - Mechaniker, die die Expedition begleiten sollten - gaben auf, als noch nicht einmal die Hälfte der lebensgefährlichen Tour geschafft war.

Willensstark, manchmal auch stur, oft kaltschnäuzig oder couragiert: So beschreibt Carl-Axel Söderström, der als Kameramann und Fotograf Clärenore Stinnes begleitete und über die Weltreise vier Tagebücher füllte, seine Auftraggeberin. Mit einem freundlichen Lächeln oder weiblicher Raffinesse hätte sich Clärenore - 26 jährig, als sie ihre Weltreise begann - kaum gegen den Widerstand der Älteren in ihrem Team oder gegen die Einwände von russischen Offizieren und türkischen Polizisten durchsetzen können. Es hätte auch nichts ausgerichtet gegen Geldgier und Belästigungen von Wegelagerern und Betrügern, die sie während ihrer Fahrt traf.

Souveräne Geschäftsfrau war die junge Rheinländerin schon vor ihrer Weltreise. Weil die reiche Familie die finanzielle Unterstützung des Abenteuers verwehrte, suchte sie nach Sponsoren im Bekanntenkreis. Daß die Tochter eines bekannten Fabrikanten genügend Geldgeber, Politiker und Diplomaten zu ihren Freunden zählte, versteht sich von selbst. Zudem glänzte Clärenore Stinnes auch als Fahrerin bei Langstrecken-Rennen und Rallyes: Mit der Freundschaft einer so extravaganten Persönlichkeit schmückte man sich in diesen Kreisen gern.

„Gustav Stresemann hat dafür gesorgt, daß ich in den deutschen Auslandsvertretungen Ersatzteile, aber vor allem Benzin und Öl lagern konnte, die ich vorausschicken ließ", berichtet die Weltreisende von ihren Vorbereitungen. Über den deutschen Außenminister der Weimarer Republik kontaktierte sie Minister und Beamte, um für die Tour Pässe sowie Hilfe bei der Versorgung zu bekommen. Von Fabrikanten und Verlegern sammelte sie insgesamt 100.000 Reichsmark, um damit Schiffspassagen, Hotels, Ersatzteile, Proviant und viele Bauern mit Ochsen, Eseln oder Pferden zu bezahlen. Sie erkannte dabei, daß sie entgegen geltenden Regeln als Frau bessere Chancen hatte, für diese Expedition Beistand und Hilfe zu finden: „Männer sind manchmal eher bereit, eine Frau zu unterstützen als ihresgleichen", meinte sie. Doch dafür mußte sie in Kauf nehmen, auch abgewertet zu werden. Zeitungen etwa zweifelten angesichts der Männerkleidung, die sie trug, an ihrer Weiblichkeit.

Geplant war die erste Weltreise als Werbefahrt für die deutsche Autoindustrie. „Die deutsche Wirtschaft wurde seit dem 1. Weltkrieg praktisch noch boykottiert von allen anderen Ländern. Und diesen Boykott wollte ich brechen. Meine Fahrt sollte die Leistungsfähigkeit eines deutschen Fahrzeugs beweisen. Das Auto sollte einer Prüfung unterworfen werden, wie sie in diesem Ausmaß noch kein Wagen bestanden hatte", begründete sie gegenüber dem Hamburger Filmemacher Kuball ihren Plan. Wie schon ihre Rennen bestritt Clärenore Stinnes auch ihre Weltreise mit Fahrzeugen der Firma Adler aus Frankfurt. Von dort bekam sie für den Transport von Ersatzteilen einen Lastwagen des Typs L 9 gestellt sowie eine Limousine namens Standard 6. Zusammen mit zwei Mechanikern, die für die erwarteten Reparaturen abgestellt worden waren, und mit dem Dokumentarfilmer Carl-Axel Söderström, der die Reise filmen sollte, begann die Fahrt am 25. Mai 1927: „Der Umfang des Globus hat 48.000 Kilometer. Diese Strecke in irgendeiner Form zusammenzufahren, um die Erde herum, das war das Ziel: nach Osten zu fahren und aus dem Westen wieder zurückzukommen."

Kopfzerbrechen machte ihr der verzögerte Start: Zwei Monate später als geplant kam sie los. Der sibirische Winter drohte nun als unbezwingbares Hindernis. Die ersten 10.000 Kilometer trieb Clärenore ihre kleine Mannschaft zur Eile. Sie wußte, auch die Fahrt über Österreich, die Tschechoslowakei, über Ungarn, Bulgarien, die Türkei, durch den Libanon, Syrien, den Irak und die südliche Sowjetunion würde viel Zeit brauchen. Und je weiter gen

Osten und Süden sie fuhren, desto seltener gab es Straßen oder Feldwege.

Sie orientierten sich in der kaum erschlossenen Wildnis des Balkans und des Vorderen Orients an Telegrafenmasten und Eisenbahnschienen, schafften 50 bis 100 Kilometer pro Tag, oft sogar noch weniger. Teilweise mußten für die beiden Fahrzeuge Brücken neu gebaut oder verstärkt, Steine und Felsen aus dem Weg geräumt und dauernd eines der Autos repariert werden: „Wir sollten erleben, daß alle 6200 Kilometer beide Achswellen im Laufe von 24 Stunden abbrachen", berichtete Clärenore Stinnes. Dem filmenden Begleiter schwante derweil Böses, als schon bei Prag der erste Kupplungsschaden zu beheben war. Unter dem 26. Mai notiert Söderström: „Es sieht nicht so aus, als wenn die Autos die ganze Reise halten würden."

Auch durch den zuweilen auftretenden Benzinmangel, wenn die Etappenziele zu weit auseinander lagen, kam es zu Verzögerungen. Nicht zu unterschätzen waren überdies die Gefahren, die auf den kleinen Steigen und Pfaden im Gebirge drohten: Kurz vor Ankara, so erinnerte sich Clärenore Stinnes später, konnte die Fahrt nur unter Einsatz des Lebens fortgeführt werden: „Unser ‚großer' bereitete uns Kopf- und Herzzerbrechen. Der Weg schlängelte sich

stellenweise in 60 - 80 Meter Höhe über dem Flußtal, dessen Tiefe so zum tödlichen Abgrund werden konnte. Auf der anderen Seite die steile Gebirgswand. 5 - 10 Zentimeter waren der normale Spielraum, der uns übrig blieb. Um zu verhindern, daß der Wagen an rausgewaschenen Stellen umkippte, hängten wir uns an seine Innenseite, während einer ihn steuerte, um ihn mit dem eigenen Körper zurückzuhalten."

Erst im September ist Moskau erreicht. Dort decken sich die Weltreisenden mit knapp 3.000 Schuß Munition und Proviant ein, lassen einen Mechaniker krank zurück und starten allen Warnungen zum Trotz Mitte des Monats weiter in den Norden und in den Winter: „Ich gebe zu, daß ich schon damals ihre Warnungen für berechtigt hielt. Aber lieber wollte ich gezwungen sein, das Winterquartier in Sibirien aufzuschlagen und erst mit Frühlingsbeginn weiterzufahren, als umzudrehen und die Fahrt aufgeben", setzte die Stinnes damals allen Hinweisen auf Kälte und Schnee, aber auch auf beginnende Kämpfe an der chinesisch-russischen Grenze entgegen.

Wenige Wochen später gab auch der zweite Mechaniker die strapaziöse Fahrt auf. Clärenore Stinnes und Carl-Axel Söderström setzen ihre Reise ab Novosibirsk alleine fort. „Ein Bild über die Beschaffenheit der russischen Wege kann man sich nur machen, wenn man bedenkt, daß man mit einem Pferd schneller vorankommt", berichtet Söderström am 26. September. Im Winter gibt es trotz aller Eile kein Fortkommen mehr. Die beiden verbringen zwei Monate in Irkutsk und setzen dann ihre Reise über den inzwischen gefrorenen Baikalsee fort. Unter Söderströms Fotos findet sich deshalb eines, auf dem nur das Dach des Standards hinter hohen Schneewehen zu sehen ist. Auf den Gepäckträger gespannt sind zwei Planken, die sie mitgenommen hatten, um eventuell auftretende Spalten und Risse im Eis überwinden zu können.

Keinem der beiden Abenteurer scheint dabei so recht bewußt gewesen zu sein, auf welche Gefahren sie sich bei dieser Eisfahrt einließen. Söderström notiert unter dem 7. Februar 1928 lapidar: „Stinnes versucht bei einer Gelegenheit, die Reise unfreiwillig zu beenden. Sie fährt mit 40 km Geschwindigkeit über eine Eisspalte, die sicher einen halben Meter breit ist. Wenn wir nicht so viel Fahrt gehabt hätten, wären wir auf den Grund gesunken. Der Baikalsee ist tief. Man hat bis zu 4.000 Meter gemessen, ohne Grund zu finden." Riskanter als die eisige Tiefe des Sees waren jedoch die unwägbaren Kräfte des Wassers, die sich unter der Eisoberfläche durch Quellen und Strömungen bildeten, und vor denen man die beiden ebenfalls vergeblich gewarnt hatte.

Nach der Mongolei wurde die chinesische Mauer überquert und Peking erreicht. Von China führte die Expedition nach Japan und von dort per Schiff weiter nach Amerika. Im Juni 1928 kamen die beiden in der neuen Welt, in San Francisco, an. Von dort starteten sie sofort nach Peru. Als nächste Etappenziele standen die Anden im Tourenplan. Geröll- und Steinstrecken werden wieder eine Belastungsprobe für Mensch und Maschine. Mit Kuhhäuten versuchten die beiden, die ständig reißenden und platzenden Reifen auszubessern. Mit Lasttieren der Indianer zogen sie die Wagen und zerrten sie auf Höhen.

Erst im August, im zweiten Anlauf, schafften sie die Überquerung des Hochgebirges und fuhren weiter nach Bolivien und Argentinien, wurden aber - wie so oft - vor Mexiko von Kämpfen gebremst. Man schrieb das Jahr 1929, als Stinnes und Söderström per Schiff wieder in Los Angeles ankommen.

Ein Ende der Tor-Tour ist abzusehen: Die Straßen Kaliforniens waren gut ausgebaut, in Amerika war zu jener Zeit das Auto weiter verbreitet als in Europa. Nach einer letzten Strapaze, die Route über den Gran Canyon, genossen die beiden in Detroit und New York Empfänge und die große Bewunderung Tausender. Sie treffen Henry Ford und Präsident Herbert Hoover. Anfang Juni ließen sie ihre Autos verschiffen, treffen zwei Wochen später in Le Havre und eine weitere Woche später, am 24. Juni 1929, nach insgesamt zwei Jahren und einem Monat, in Berlin ein.

Clärenore Stinnes und Carl-Axel Söderström hatten mit ihrer Weltreise nicht nur bewiesen, wozu der Mensch im Auto fähig ist. Sie hatten auch eine Bresche geschlagen für den Ausbau von Verkehrsinfrastrukturen. Darauf hatte schon Henry Ford aufmerksam gemacht. Clärenore Stinnes überlieferte seinen Standpunkt. Er sagte: „Wenn in unserer Zeit ein technischer Fortschritt erzielt werden soll - sei es Telephon, Flugzeug oder Auto -, dann muß dieser Gegenstand den Menschen erst einmal vorgeführt werden, um den Wunsch zu erwecken, diesen Gegenstand auch zu nutzen. Denn - bildlich gesprochen - kommt erst das Auto und dann der Weg. Es wurden aber keine Highways gebaut, bevor es Autos gibt."

Daß es allerdings eine Frau gewesen war, die das Automobil auch in entlegenste Punkte der Erde gebracht hatte, erstaunte alle. Über ihre 46.758 Kilometer lange Weltreise schrieb Clärenore Stinnes ein Buch. Es erschien noch 1929 unter dem Titel *Mit dem Auto durch zwei Welten*.

Carl-Axel Söderström, den sie ein Jahr darauf heiratete, produzierte aus seinen Aufzeichnungen und Bildern einen UFA-Film. Ende der achtziger Jahre wurde die in Vergessenheit geratene Reise dieser mutigen, willensstarken Frau noch einmal gewürdigt - als der Hamburger Filmemacher Alexander Kuball auf den Film Söderströms stieß, die Spur nach Schweden zu Clärenore Söderström-Stinnes aufnahm und über sie einen neuen Streifen drehte. Aus der Rennfahrerin war eine Bäuerin geworden, die ihren Kindern lange Zeit das größte Abenteuer ihres Lebens verschwiegen hatte.

Moneten, Miezen und Motoren

Ohne Frauen ist kein Auto zu verkaufen. Die Werbung für Fahrzeuge macht das ungeschriebene Gesetz sichtbar, das den Automarkt regelt. Zwar verschwanden spätestens Mitte der achtziger Jahre üppige Frauenfiguren von Kühlerhauben und Autodächern. Forsche, selbstbewußt aussehende, junge Frauen übernahmen in der Autowerbung das Steuer. Doch im Zubehörbereich wird noch immer mit Locken- und Busenpracht Gewinn gemacht. Hier bestätigt sich weiser Frauenspott, daß Männer besser sehen als denken können. Wie anders ist es sonst zu verstehen, daß ein Zubehörkatalog die gepriesenen „936 Seiten ungebremste Möglichkeiten, mehr aus ihrem Auto zu machen" so präsentiert, als handele es sich um eine Sammlung aus Reizwäsche, schöner Mädchen und Aphrodisiaka?

Die meisten Frauen - laut Umfragen und psychologischen Studien – haben für diesen eher unpraktischen Schnickschnack nicht viel übrig. Die überstrapazierte Verbindung von Sex und Auto nützt anscheinend nur dem Handel. Ohne diese Frauenfotos wären die Kataloge weniger wert, verstaubten gar als Ladenhüter.

Der D&W-Katalog ist nur ein Beispiel, wie Frauen als Verkaufsstütze benutzt werden. Auch auf Plakaten und Kalendern wird/wurde das Sujet Technik und Erotik strapaziert. Und selbst auf Autoschauen, wo es das Neueste in Sachen Fahrzeug- und Karosserietechnik zu sehen gibt, werden die jüngsten Entwicklungen unter, hinter, neben

Werbestrategie
Der Reifenhersteller Pirelli hat eine eigene Beziehung zu Frauen: Jedes Jahr läßt das Unternehmen für ausgesuchte Kunden einen eigenen Kalender drucken. Wurde dabei bis weit in die achtziger Jahre hinein eine mehr oder minder erotische Verbindung zwischen schwarzen Gummireifen und spärlich bekleideten Mädchen hergestellt, hat sich das Produkt mit den neunziger Jahren radikal verändert. Man läßt zwar immer noch Mädchen und Models fotografieren, und zwar von ausgesuchten Könnern ihres Metiers, allerdings vollkommen ohne Reifen. Die Folge: Der Pirelli-Kalender avancierte zum Kultobjekt nicht nur in der Autobranche.

oder vor spärlich bekleideten Mannequins und Hostessen präsentiert. Im Grunde verwunderlich: Technik allein übt anscheinend längst nicht die Faszination aus, die man ihr landläufig immer zugesteht.

Blondes, großbusiges, betörendes Männergift und selbstbewußte, eigenständige Karrierefrau – die Kluft zwischen den Symbolen, mit denen heute die Autowerbung arbeitet, könnte nicht größer sein. Sie spiegelt den Prozeß wider, in dem sich die Branche befindet: Stärker als in der Vergangenheit werden statt unhaltbarer Männerphantasien vernünftige, für den gegenwärtigen Straßenalltag taugliche Fahrzeuge verlangt. Und immer zahlreicher treten auch Frauen

D&W Felgen „Stream"
mit Fulda-Reifen Y 3000,
7 x15 bis 7,5 x17 für Audi, BMW,
Chrysler, Ford, Honda, Hyundai,
Mazda, Mercedes, Mitsubishi,
Nissan, Opel, Renault, Seat, Suzuki,
Toyota, Volvo und VW.

als Autokäuferinnen in Erscheinung. Das mußte auch die Werbung verändern: Die in ihr enthaltenen Rollenklischees wirken heute subtiler, der Macho hat weitgehend ausgedient. Erkennbar wird inzwischen sogar eine klare Trennung durch geschlechtsspezifische Ansprachen, aber auch eine stärkere Praxisbezogenheit der Slogans.

Wer die Reklame der letzten Jahrzehnte Revue passieren läßt, bemerkt, wie diese von Anfang an auf männliche Phantasien und Träume abzielte. Frauen wurden vor den Karren gespannt, um Autos, vor allem aber Prestige an den Mann zu bringen. „Die Erotisierung bleibt eines der mächtigsten Motive der heutigen Werbebildsprache; mit der Welt des Automobils ist sie untrennbar verbunden", stellen Hervé Poulain und Gilles Néret in *Bilder einer Leidenschaft* fest.

Die Symbiose Erotik und Technik nahm einen zunächst mythisch verklärten Anfang: mit sagenhaften, weiblichen Gestalten. Walküren und Göttinnen gleich trugen jene in den ersten Jahrzehnten dieses Jahrhunderts die Firmenschilder von Autofabrikationen, hoben später euphorisch Limousinen oder Motoren in fast unerreichbare Höhen. Es war die gezeichnete Vergötterung der neuen Tech-

nik, die durchaus auch Elemente von Ehrfurcht oder Respekt vor dem Unbekannten, Angst-Einflößenden, aber auch Nützlichen enthielt. Die Weiblichkeit stand dabei möglicherweise für die Schwäche des Menschen und damit für den Komfort und die Dienstbarkeit motorisierter Fahrzeuge. Sicher sind die Walküren aber auch Ausdruck des vor der Jahrhundertwende erstarkten Patriotismus.

Mit der aufkommenden Plakat-Reklame nach dem Ersten Weltkrieg und der größeren Verbreitung des Autos setzten sich alltäglichere Szenerien in der Autowerbung durch. Dabei ist zu berücksichtigen, daß in diesen Jahren viele Frauen zu den Käufern zählten. Limousinen fahren nun vor allem durch idyllische Landschaften, parken vor herrschaftlichen Häusern, vor der Oper oder dem Theater, rollen elegant durch Städte. Frauen sind auf den Drucken immer zu finden - in einer erstaunlich freien, selbstbewußten und emanzipierten Weise. Sie sitzen selbstverständlich auch hinterm Steuer, begutachten zusammen mit den Männern fachmännisch Karosserien, posieren locker im Techniker-Overall. Das Bild der ängstlichen, schwachen, zum Autofahren unbegabten Frau - wie es zur gleichen Zeit in vielen Artikeln und von Experten verbreitet wurde - nahm die Autowerbung nicht auf. Ganz im Gegenteil, man huldigte der modernen, autofahrenden Frau, wie eine Karosserie-Firma 1928 beweist: „Ihr Frauen seid es wert, daß man Euch Tempel baute", beginnt der Text in Anlehnung an William Shakespeare, um danach zu folgern: „Wären zu jener Zeit (gemeint ist die Shakespeare-Ära, d.V.) schon Automobile gebaut worden, so hätte der Dichter gewiß als Ausdruck höchster Verehrung den Frauen statt Tempeln den Besitz eines FN-Wagens angetragen."

Man verehrte die Frauen - und nahm sie auch als Kundinnen ernst. Das demonstrieren unzählige Werbeseiten, die in den zwanziger Jahren in der Zeitschrift *Motor*, der damals größten Auto-Zeitschrift Deutschlands, veröffentlicht wurden. Frauen sind darin dargestellt, die sich auf einem Diwan sitzend mit ihrer Freundin am Telefon kompetent über das neueste Angebot einer Karosseriefirma unterhalten - ein Bild, das selbst in heutigen Zeitschriften undenkbar erscheint.

Es ist eine abgehobene, reiche Welt, die gezeigt wird. Das Auto ist der Luxus einer kleinen Schicht. Bis weit in die dreißiger Jahre hinein zählte für einen potentiellen, europäischen Autokunden weniger der Preis seines Gefährts, sondern die Eleganz, Leistung und das Renommee. Frauen kam in dieser Welt eine besondere Rolle zu. Sie verkörperten Reichtum und Geschmack. Wenn sie jung waren, standen sie zudem für die Moderne, für die Errungenschaften der Technik. Ihre Aufgabe für die damalige Werbung ist damit umrissen: Sie präsentierten Autos als ein begehrtes Konsumgut, das den Alltag geschmackvoll und komfortabel macht, das aber auch die Weltläufigkeit und den Innovationswillen seines bürgerlichen Käufers zeigt. „Erst die enge Assoziation von Dame und Automobil ebnet den Weg, um Autofahren als Konsummodell zu veran-

kern", meint Wolfgang Sachs in seinem Buch *Die Liebe zum Automobil*. „Zu keiner Zeit begegnen einem so viele Plakate und Werbeanzeigen, die Frauen, oder besser: Damen, zusammen mit Automobilen darstellen. Damit wurde das Automobil allmählich mit der Gefühlswelt des Konsums umkleidet; denn es war die Figur der Dame, welche den Bereich des privaten Genusses verkörperte." Die Selbständigkeit der Werbe-Damen repräsentierte jedoch keinesfalls den Alltag der Massen.

Hinweise auf die angeblich unbegrenzten Möglichkeiten der Frauen finden sich immer wieder in der Autowerbung, vor allem dort, wo es um teure Limousinen oder aber um sportliche Wagen geht. War es bald darauf die gut situierte Ehefrau, so ist es in jüngster Zeit die erfolgreiche Karrierefrau, die die Funktion der ehemaligen Damen übernommen hat. Unabhängig geworden vom Geldbeutel der Männer wirbt sie heute - zum Beispiel für Mazda (Xedos) - mit einem Lebensstil, der kaum in Deckung zu bringen ist mit dem Alltag berufstätiger Frauen.

29

Der Umgang von Frauen mit Technik und Autos, vor allem aber das luxuriöse Nichtstun, paßte nicht ins Menschenbild, das Ende der zwanziger Jahre mit dem Nationalsozialismus aufkam. Die Folge: Auch aus der Autowerbung verschwanden die Frauen. Technik wurde zur Männersache. Die Rolle des staunenden Bewunderers übernahmen in den dreißiger Jahren blonde Knaben. Das von den Nationalsozialisten vorgezeichnete Menschenbild schränkte überdies die Motiv- und Farbvielfalt der Magazine und der Werbung ein. Es kursierten Motive, die - ähnlich einer Opel-Anzeige für den Kapitän aus den sechziger Jahren - Männer und Knaben über einen Motor gebeugt zeigen. Und als hätte es nie eine weibliche Begeisterung für Autorennen gegeben, kamen Frauengesichter auch in den werbenden Bildern, die vom Rande beliebter Rennstrecken aufgenommen waren, nicht mehr vor. Die Macht und Leistung deutscher Autos spiegelte sich dazu in den Gesichtern von Generälen, es häuften sich die Ansichten von Militärparaden und Aufmärschen, während derer sich die Parteigrößen in deutschen Limousinen feiern ließen.

Nach dem Zusammenbruch des Dritten Reiches dauerte es eine Weile, bis sich Industrie, Autofirmen, aber auch die Werbung erholten. In den späten vierziger und beginnenden fünfziger Jahren normalisierte sich die Situation. Männer kamen aus der Kriegsgefangenschaft zurück. Man träumte vom heilen Familienleben und dem bescheidenen Glück. Erste Anzeigen verwiesen noch auf den Nutzen, die Preiswürdigkeit und Sparsamkeit eines Autos. Doch mit der Leistungsfähigkeit der Wirtschaft stieg auch der Wohlstand: „Mehr und mehr verkamen ursprünglich sinnvolle Argumente zum Selbstzweck, unauffällig zunächst in Begriffen wie PS: Anfänglich eine Vergleichsgröße zum gewerblichen Lastentransport wurde die Leistungsstärke des Motors zunehmend zum Angebot individueller Profilierung an die Fahrer", berichtet Michael Kriegeskorte in seinem Buch *Automobilwerbung* von den Folgen.

Je inhaltsleerer die Slogans, desto wichtiger werden Klischees, mit denen der Fahrzeugbesitz verbunden wird. Männer und Frauen bekamen Rollen zugewiesen, die sie bis heute noch in der Werbung spielen. Daß aufgrund des Männermangels in den Nachkriegs- und in den ersten Aufbaujahren die Frauen das Steuer in der Hand hielten, davon war in der Autowerbung nicht die Rede. Nur ausnahmsweise wurden Autofahrerinnen gezeigt, etwa in einer Volkswagenwerbung von 1949 oder in einer Anzeige für Messerschmitt-Kleinwagen aus demselben Jahr. Die Anzeige von Henschel & Sohn, einem Lastwagenwerk in Kassel, macht

30

einzig einen Alltag deutlich, in dem noch 1950 Frauen in Männerberufen durchaus die Regel sind. „Ich fahre meinen Henschel gern, er fährt sich so leicht", lacht eine Lastwagen-Fahrerin. Ein fortschrittliches Motiv: Welche Lastwagen-Marke wirbt heute mit einer Frau?

Ob Isetta, Opel-Kapitän oder DKW - in den Wirtschaftswunderjahren saßen die Frauen vor allem neben den Männern. Sie waren Staffage für patriarchalen Besitzerstolz, dienten aus Thermoskannen Kaffee an oder bewunderten mit der Auto- auch die Männerklasse. „Den Versuch der Männergesellschaft", interpretiert Michael Kriegeskorte diese Plakate, „ihre Vormachtstellung zu konsolidieren und die Frauen wieder zu ihren Kindern an den heimischen Herd zurückzudrängen, offenbart auch die Werbung. Sie ist ein effektives, häufig eingesetztes Instrument zur öffentlichen Demonstration des gewünschten Verhältnisses der Geschlechter." Im Sinne der Zeit apostrophierten Frauenzeitschriften die Ehefrauen als „stille Heldinnen der Landstraße", und Richter raten ihnen derweil, nachzugeben, damit Ehemänner gut gelaunt und somit verkehrssicher unterwegs sind.

Die Autowerbung zeigte Frauen dann, wenn sie auf die schöne Form, die Eleganz oder auf die Raffinesse der Ausstattung hinweisen wollte. Wo Weiblichkeit präsentiert wurde, war niemals von Technik die Rede. Technische Neuerungen allerdings wurden gern, wie Opel 1962 mit dem selbsttragenden Autobau beispielhaft bewies, den Frauen erklärt - Männer bedurften angeblich solcher Erläuterungen nicht, und wenn sie sie dennoch lasen, mußte es ja keiner wissen. Auch aktuelle Beispiele von Fahrzeugwerbung wiegen Männer im Gefühl überlegener Allwissenheit und bezweifeln dabei die Kompetenz der Frauen. Deutlich zeigte eine Anzeige von DKW aus dem Jahre 1952 diesen Zusammenhang: Zu sehen ist eine elegante Frau mit Schoßhund auf dem Beifahrersitz, darüber steht: „Den beiden geht es gut." Der Text darunter erläutert, daß Frauen dieses Auto wegen seines geschmeidigen Fahrverhaltens lieben, doch der leere Fahrersitz läßt darauf schließen, daß dieser einem Mann gebührt, und die Werbung an ihn appelliert, mit Technik bei den Frauen anzukommen.

Als Zeichen neu gewonnener Freiheiten waren in dieser Zeit Picknickszenen in der Autowerbung weit verbreitet. Meist zeigten sie zwei Frauen, aber nur einen Mann, vielleicht um den potentiellen Käufer in die begehrenswerte Position des Fotografen zu bringen? Nur wenige Frauen arbeiteten in dieser Zeit, verfügten über ausreichende eigene Finanzen, sich selbst ein Auto zu kaufen. In der Autowerbung erschienen sie größtenteils entsprechend passiv. Wer das Geld verdient, wird suggeriert, entscheidet auch, für was es ausgegeben wird.

Das blieb so, bis in den sechziger Jahren - die Marktforschung machte Fortschritte - nach und nach bekannt wurde, wie stark Frauen an der Kaufentscheidung mitwirken. Weil auch der Wohlstand gewachsen war und damit die Chance auf einen zweiten Wagen, werden potentielle Kundinnen zwar in der Werbung direkt angesprochen, doch keinesfalls als souveräne und vor allem eigenständige Verkehrsteilnehmerinnen. Zahlende Männer schenken ihnen mit Kleinwagen die Freiheit, wie etwa BMW in seiner Isetta-Werbung 1958 meint. Der Zweitwagen schlichtet ebenso den Ehestreit ums Weiterkommen. Frauen fahren eigene Autos - so reflektiert Autowerbung soziale Normen - weil sie damit ihren Alltag leichter bewältigen, weil sie die Kinder in die Schule bringen oder bequemer einkaufen können: Nie sind sie ohne Zweck auf der Straße anzutreffen, aber immer in ihrer Rolle als tüchtige Hausfrau und gute Mutter.

Die Freiheit der Mobilität, das Ungebundensein, der Spaß am Fahren - das war und blieb Männersache. Auch das Fahrenkönnen: Ungeniert verbreiteten Werbetexter dieser Jahre, wie ungeschickt und naiv Autofahrerinnen seien. Opel spottete etwa 1955 über die weibliche Gabe, nicht einparken zu können (wie gut, daß es Autos gab, die selbst das berücksichtigten). Acht Jahre später verglich die Marke *daf* das Autofahren mit der Leichtigkeit von Kaffeekochen. Im erläuternden Text steht: „Der Verkehr wächst mir nie über den Kopf, weil der daf automatisch fährt, kein Schalten, nur Gas geben und bremsen" und: „Von der Technik habe ich gar nichts bemerkt, und das ist genau richtig für mich".

Nur ganz nebenbei und vor allem in der Abgeschiedenheit von Modezeitschriften wurde seit den frühen sechziger Jahren das sicherere, weibliche Fahrverhalten in der Werbung lanciert - Aussagen, die auch heute wieder groß im Kommen sind, wie zum Beispiel in einer Porsche-Anzeige des Autovermieters Sixt. Auch der kleine Unterschied in den Auswahlkriterien kam zur Sprache. In der Zeitschrift *Brigitte* etwa erschien 1961 eine Werbung der Auto Union in Form eines Dialoges zwischen ihm und ihr. Er endete, nachdem beide aus unterschiedlichen Gründen das gleiche Auto wünschten, mit dem Gedanken der Frau: „Weiblicher Instinkt mag er jetzt denken - nun, lassen wir ihm doch den schwachen Trost. Nicht auszudenken, wenn ‚er' zudem noch wüßte, daß laut Statistik ‚sie' auch noch der bessere Fahrer ist!" Nur in Gedanken konnte dies geäußert werden - das letzte Wort war damals den Männern vorbehalten.

Die Zeiten haben sich geändert. Dennoch gibt es die hier geschilderten Frauenbilder - ein wenig verändert und aktualisiert - nach wie vor in der Werbung. Zwar zeigten sich - Oswald Kolle und seine Aufklärungsfilme ließen grüßen - die Frauen in den siebziger Jahren ungeniert aufgeschlossen, sexy und nicht mehr so züchtig wie zuvor. „In der Ära der Konsumgesellschaften, deren Grundregel heißt, kaufen und verkaufen, das heißt, verbrauchen", stellen Hervé Poulain und Gilles Néret in ihrer

Sammlung *Bilder einer Leidenschaft* für die jüngere Vergangenheit fest, „haben die Werbeleute lange Zeit die Verbindung Frau und Automobil genutzt. Erstere, vorzugsweise entkleidet, half letzteres zu verkaufen. Und als gerechte Gegenleistung half dieses alles zu verkaufen, was zur Umgebung jener gehört." In den Zeitschriften wurde (und wird noch) mit Autos garniert, was Frauen wünschten: Parfums, Kosmetik, vor allem aber etwas exklusivere Kleidung. Weniger, weil auch Mobilität auf der Wunschliste stand, sondern weil Autos bei den meisten Betrachterinnen untrennbar verbunden waren mit einem Mann.

In der Autowerbung verzichtete man in dieser Zeit auf weibliche Dienste, inszenierte Technik pur: War etwa während der hitzigen Diskussionen um Emanzipation die Gefahr zu groß, angeprangert zu werden als unbelehrbare Machos oder war - wie es bei Audi/NSU zeitgemäß hieß - der „Vorsprung durch Technik" gewachsen?

Mit Fiats Panda, der „tollen Kiste", schlug die Autowerbung in den Achtzigern persönlichere Töne an. Was Frauen an den neuen Typen finden - niedrige Heckklappen zum Einkaufen, geräumige und flexible Innenausstattung, Wirtschaftlichkeit - wurde in den Anzeigen, Plakaten und Werbespots erstmals positiv thematisiert. Salopper, witziger als zuvor und selbstbewußter wurden Frauen als Autokäuferinnen angesprochen, aber - wie schon gewohnt - ausschließlich in der Kleinwagenklasse und mit Slogans, die vor allem mit dem Zweck des Wagens die weiblichen Aufgaben Versorgen, also einkaufen und sich um die Kinder kümmern herausstellen. In kleinen Gefährten kamen und kommen sie auf Touren: als Vamps und Powerfrau nach Art einer Grace Jones (Peugeot 205, 1987), als unabhängige Berufstätige (Xedos, 1996) oder als selbstbewußte Hausfrau (Volvo 1995/96), die weiß, daß ohne sie kein Staat mehr zu machen ist. Doch selbst wenn diese „besser fahren", interessant an den Männern bleibt das großvolu-

34

migere Auto (Nissan, 1994/95). Die wirtschaftliche Entwicklung der reichen achtziger und beginnenden neunziger Jahre zeigt die ersten Früchte der Emanzipation: Immer mehr Frauen genießen eine bessere (Aus)Bildung, steigen dementsprechend gehaltsmäßig auf und sollen als zahlungskräftige Kundschaft ernst genommen werden.

Gleichzeitig wächst die Kritik am Individualverkehr. Das schlägt sich in der Autowerbung nieder - und in ihrem Frauenbild: Kritik an überdimensionierter Technik wird, allerdings nur bei pragmatischen Kleinwagen, verpackt in ironische Sprüche respektlos-selbstbewußter Frauen. Der Tonfall hat sich zwar geändert, und es beleben mehr eigenständige Frauentypen die Szene. Doch verkörpern auch sie noch alte Klischees. Statt sittsam geduldig kommen Hausfrauen und Mütter in der Autowerbung heute sicherheitsbewußt daher. Als souveräne Autofahrinnen von Limousinen erscheinen Frauen noch immer selten. Ausnahme ist und bleibt die Mazda-Werbung. Wie in der Vergangenheit verstehen Frauen in der Werbung wenig bis nichts von Technik. Sie wollen sich beim Ölwechsel nicht die Finger schmutzig machen, trinken lieber Kaffee (Agip, 1992), wissen nicht so genau, wo sie welche Reparatur machen lassen (Bosch, 1994). Ähnlich orientierungslose Männer - die soll's ja auch geben - findet man in Anzeigen und Plakaten nicht.

Neu im Vergleich zu früheren Zeiten ist allerdings die Präsenz geschlechtsspezifischer Spots, Anzeigen und Plakate. Vorher nur vereinzelt in Frauenzeitschriften plaziert, gibt es heute überall Autowerbung, die speziell die Frau oder den Mann anspricht Die Nissan-Kampagne 1993 ist dafür ein Beispiel, die bestimmte Autos mittels Frauen und andere, größere mittels Männern vorstellt. Hervorzuheben sind die Spots von Volvo: In ihnen führen wahlweise Freunde oder Freundinnen ein Gespräch, vorgeblich geht es um Trennung und neue Liebe, erst später klärt sich das Ganze: Das Auto ist gemeint.

Auch die Anzeigen und Spots für den „kleinen Freund" (Renault Clio) oder den galanten Diener und Flirt (Peugeot 106) - beides Wagen der kleinen Klasse - richten sich insbesondere an Frauen. Und ohne Erotik geht es anscheinend auch bei den Frauen nicht mehr. Das ist das wirklich Neue an der aktuellen Autowerbung: Frauen bekommen darin eine eigene Sexualität zuerkannt und sind nicht mehr ausschließlich Projektionsfläche männlich-mobiler Wünsche.

Autowerbung
mit dem persönlichen Zug

Fahrzeuge verkaufen ist in den vergangenen Jahrzehnten zum Geschäft mit Zielgruppen geworden. Seit Anfang der achtziger Jahre sind Frauen für die Werbeagenturen der Branche eine feste Größe. Auch die Marktforscher haben ihr Bild von Autokäuferinnen gezeichnet. Nach soziodemografischen Daten skizzieren sie Typen, die mehr oder minder stark auf Werbung oder auf Inhalte reagieren. Da rangiert die forsche Selbstbewußte neben der modisch Orientierten, der umweltbewußten Kritikerin und konservativ denkenden Unsicheren. Für alle gibt's natürlich ein passendes Auto. „Frauen sind grundsätzlich positiver zur Werbung eingestellt als Männer", berichtet Hans-Ulrich von Mende in seinem Buch *Vorfahrt für Verführer*. Das gilt auch für Autoreklame, selbst wenn andere Untersuchungen Technikfeindlichkeit unter den Frauen ausmachen.

Autowerbung muß Lebensstile wie Interessen und Neigungen berücksichtigen - und sie ist in den vergangenen Jahren den Beweis angetreten, daß Werbung, die für Frauen bestimmt wurde, witzig, intelligent, aber auch richtungsweisend hinsichtlich Umweltbewußtsein und Sicherheitsbestrebungen ist.

Die Themen, mit denen heute um die Käufergunst geworben wird, sind vielfältiger geworden. Neben Technik, Kraft und Leistung stehen zunehmend Spritverbrauch, Alltagsgebrauch, Sicherheit und ökologische Fragen im Mittelpunkt von Autoanzeigen. Inhalte, die vor allem für die angeblich technisch uninteressierten Fahrerinnen entwickelt und mit Kleinwagen dann salonfähig wurden. Neuerdings wird dies auch für höhere Wagenklassen und für männliche Käufer interessant. So schloß der Psychologe Carl Vierboom 1988 in einem Aufsatz *Emanzipation durch Werbung*: „Als Resümee läßt sich feststellen, daß Automobilwerbung für Frauen das Auto nicht als ein Kraft- und Rekordleistungsinstrument darstellt, sondern seinen Bedeutungen einen Dreh ins Kultivierte und Ästhetisierte gibt."

Das Auto erscheint in Anzeigen und Spots als schöner Gebrauchsgegenstand oder als Ausdruck einer Persönlichkeit, und nicht mehr nur als Faszinosum technischer Lei-

Werbe-Typen
Trends werden von Minderheiten getragen. Werbe-Typologien unterscheiden Menschen als Trendsensible (20 Prozent), Konsuminnovations-Orientierte (25 Prozent) und als Ignorante (55 Prozent). Das Gros der Bevölkerung zeigt nur wenig Interesse an neuen Produkten oder Werbekampagnen. Hingegen sind insbesondere junge, weibliche und gut ausgebildete Leute interessiert.

stungen. Fahrzeuge werden mit menschlichen Werten (zuverlässig, liebenswürdig, hilfsbereit) belegt und dabei stärker mit Gefühlen bedacht. Zudem rückt auch der Verkehrsalltag ins Blickfeld und damit der Nutzen eines Wagens.

„Man ist weit weg von den Macho-Darstellungen, die noch vor zehn Jahren üblich waren. Typisch männliche Attribute zählen nicht mehr, sondern eher menschliche und ökologische“, meint Margaret Burden, die in einer Düsseldorfer Agentur die Werbung von Peugeot Deutschland betreut und mitverantwortlich für den Flirt mit dem Peugeot 106 zeichnet. Sie erklärt sich den Grund für diese schleichende Veränderung der Inhalte mit den unterschiedlichen Einstellungen von Mann und Frau zum Auto. Fahrerinnen betrachten ihr Auto zweckgebundener. Realistische Wünsche passen sich leichter und besser dem gegenwärtigen Verkehrsalltag an und weisen deshalb in eine menschen- oder umweltfreundlichere Richtung.

Neben dem Spaß, den ein vernünftiges Auto machen kann, werden in der Kleinwagen-Werbung auch der Streß und die Anstrengungen auf der Straße betont - eigentlich untypisch für Werbung, die im Grunde nur das Beste zeigen will. Auf die Argumente Spaß und Lebensgefühl gekoppelt mit Vernunft - Verhaltensweisen, die heute den Verkehr positiv verändern würden und gezielt Autofahrerinnen ansprechen - lassen sich Männer aber nur schwer ein. „Man will heute unauffällige Autos, das kommt eher aus einer weiblichen Perspektive“, sagt die Marketingfrau Margaret Burden. „Ich vermute, diese neue Bescheidenheit wird sich auch in den obe-

ren Autoklassen fortsetzen.“ Erste Tendenzen für diese Entwicklung sind schon auf Plakaten und in Fernsehspots zu sehen.

Der weiblichen Perspektive ist es zu verdanken, daß das Auto in der Werbung auf den Boden der Tatsachen gestellt und es von dem Respekt vor Geschwindigkeit und Motorenleistung emanzipiert wurde. Der kraftstrotzende Bolide für ein Immer-Schneller, Immer-Weiter, Immer-Besser kann mittels weiblicher Vernunft nun als ein Gebrauchsgegenstand gesehen werden, der Benzin sowie Platz verbraucht und in der Natur Probleme schafft. Das macht Slogans durchaus widersprüchlich. Auch ein Aspekt in der Autowerbung der vergangenen Jahre, der neu ist. Noch wird mit dieser Spielart erst ein kleines Segment in Szene gesetzt. Für Umwelt und Straßenverkehr zu hoffen ist, daß auch an großen Limousinen und Cabriolets einmal der Nutzen von technischem Fortschritt fasziniert anstatt dessen Funktionsweise.

Reklame muß wirken. Weshalb sie gezielt eingesetzt wird. Die Folge merkt auch der Leser im Vergleich: In kaum einer Auto- oder Männerzeitschrift werden die kleinen Kompakten vorgestellt, während man in Frauenmagazinen die großvolumigen, sportlichen Oberklasselimousinen vergeblich sucht. Nur Kombis oder Vans sprechen als geräumige Familienfahrzeuge Väter wie Mütter an und sind deshalb in den Medien beider Zielgruppen zu finden. Die Zeitschriften, für die Autoanzeigen konzipiert werden, fahren den neuen Denkmustern noch hinterher. Autos und Verkehr sind in den meisten Frauenzeitschriften tabu, obwohl beides den Alltag der Leserinnen entscheidend prägt.

Die Abstinenz hat Gründe, an denen die Autobranche nicht unbeteiligt ist. Deren Vertreter hielten Journalistinnen lange Zeit für nicht kompetent genug, über Autos zu schreiben. Frauenzeitschriften wurden - wie es für Auto- oder Sportzeitschriften die Regel war - bis weit in die achtziger Jahre hinein keine Testfahrzeuge zur Verfügung gestellt. Man verstand nicht, daß auch Bewertungskriterien von Frauen ernst zu nehmen sind.

Doch nicht allein die Autoindustrie hat es zu verantworten, wenn ein wichtiger Themenbereich in Frauenmedien ausgeklammert wird. Warum darin Berichte oder Reportagen über Straßenalltag, Fahrsicherheit oder über den Nutzen von neuer Technik fehlen, wird das gern mit einem generellen Desinteresse begründet. Vorurteil? Mißachtung? Nicht nur die Zulassungszahlen beweisen eine andere Realität: Immer mehr Frauen besitzen ein Auto. Sie müssen sich deshalb zwangsläufig mit Staus, Steuern, Straßen oder Sicherheit auseinandersetzen. Und das alles soll kein Thema sein? Gründlicher nachgefragt bestätigen auch Redakteurinnen von Frauenzeitschriften das Gegenteil. Bedauernd stellen sie fest, wie gern sie wirtschaftlich oder ökologisch geprägte Verkehrsthemen anpacken würden, aber der Widerspruch von Chefredakteur(inn)en diese Versuche schnell stoppt.

Selbst ist die Frau
73 Prozent der Frauen glauben, genug zu wissen, um ihr Auto fahrtüchtig zu halten. 79 Prozent prüfen den Ölstand selbst, 58 Prozent wechseln Reifen und 52 laden die Batterie auf.

Außerdem: Frauen, die sich aus guten Gründen in der Verkehrspolitik und in Umweltfragen engagieren, die die Zukunftsplanung in Sachen Verkehr zu Recht kritisieren, finden kaum Gehör und Unterstützung in ihren Medien. Hier beißt sich die Katze in den Schwanz: Kompetente Ingenieurinnen, Architektinnen oder Planerinnen kommen nur selten zu Wort. Verkehr und Technik, muß man dann gezwungenermaßen interpretieren, ist immer noch eine Männerdomäne, in der Frauen nichts oder nur wenig ausrichten und verändern können. Selbst der Berufsalltag von Frauen in technischen Berufen findet in der Öffentlichkeit keine Resonanz. Sie bleiben Exoten in ihrem Berufszweig, stehen unter ständigem Rechtfertigungs- oder Konkurrenzdruck. Technisch oder naturwissenschaftlich interessierten Mädchen fehlen deshalb die Identifikationsfiguren, durch die sie ermutigt werden könnten, sich für einen „Männerberuf" zu entscheiden. Auch wird in Mädchenzeitschriften kaum für technische Berufe geworben, sondern in Jugendclubs oder in der Schule.

Die Zeiten, in denen auf Autobüchern die Vornamen weiblicher Autorinnen der Kompetenz wegen nur abgekürzt erschienen, sind jedoch vorbei. Auch jene, in denen sich Journalistinnen nur über Sicherheits- und Servicefragen oder zur Verkehrserziehung auslassen durften oder von Motor - Presse - Clubs ausgeschlossen waren. In Deutschlands größter Motorzeitschrift *Auto, Motor und Sport* leitet eine Frau das Sportressort - die Männerdomäne in der Männerdomäne. Eine andere schreibt dort Testberichte. Ähnlich bei *Autobild*, der *Autozeitung* oder *mot*. Andere Bewertungskriterien etablieren sich: „In den Autotests von Frauen nicht nur für Frauen deuten sich Beurteilungskriterien und Maßstäbe an, die in den traditionellen Testberichten kaum beachtet werden. Indem die Frauen auch ganz einfache Funktionen ansprechen, die aber im alltäglichen Umgang mit den Fahrzeugen eine bedeutsame Rolle spielen, wird der Autotest wieder auf eine Ebene der konkreten Auseinandersetzung mit der Wirklichkeit gebracht", stellte der Psychologe Werner Wagner Ende der achtziger Jahre in einer Untersuchung *Autotests - für Frauen von Frauen* fest.

Freie Fahrt für freie Frauen

„Wenn Gott gewollt hätte, daß Frauen fahren können, hätte er ihnen ein Gehirn gegeben": So stand es 1994 auf einem Aufkleber zu lesen, der einen Alfa 33 zierte. Nur ein Ausreißer? Wohl kaum. Das Bild vom weiblichen Ungeheuer am Steuer wird gern gezeichnet, in Witzen, abgewandelten Zitaten und auf der Straße. Wo im Verkehr gezögert, langsam gefahren oder überraschend gebremst wird, schließt alles auf die Frau am Steuer. Selbst Fahrerinnen schimpfen munter mit, von schwesterlicher Solidarität ist im Verkehr keine Spur.

Der Streit ums weibliche Fahrvermögen ist so alt wie das Auto selbst. Mit sachlichen Argumenten wurde er nie geführt, ganz im Gegenteil: oft genug mit unbeweisbaren, bösen Worten. 1903 drohten Gemeinderäte in Wien, Frauen den Gebrauch motorisierter Fahrzeuge zu verbieten. Die Argumentation der Ratsherren könnte sogar noch aus unseren Tagen stammen: Sie begründeten den Antrag mit der mangelnden Fahrroutine der Damen. Einen feinen Unterschied zu heutigen Kritikern hat die Beweisführung dennoch. Weil Frauen wenig fahren, verloren sie in den Augen der damaligen Zeitgenossen die Kontrolle über ihr Automobil. Heute heißt es hingegen, aus mangelnder Routine folgt gefährliches Schneckentempo oder unsicheres Zögern.

Nichts davon stimmt. Über den Verkehr zu Großvaters Zeiten gibt es zwar nur wenige Zahlen - jüngste Beobachtungen lassen aber darauf schließen, daß Frauen weder unter den extremen Rasern noch unter den übervorsichtigen Schleichern zu finden sind. Beides sind eher typisch männliche Fahrweisen.

Fahrtempo

Statistisch gesehen fahren Männer und Frauen gleich schnell. Ihre Geschwindigkeit beträgt im Durchschnitt 77 Stundenkilometer auf der Landstraße. Frauen fahren 76,8 km/h schnell, Männer 76,6 km/h. Das 1988 gemessene Tempo dürfte sich jedoch in letzter Zeit erhöht haben - unter Frauen wie Männern.

Über ähnliche Verbotspläne wie in Wien wurde regelmäßig auch aus anderen Gegenden berichtet. Noch heute ist das Recht auf Mobilität für Frauen keine Selbstverständlichkeit: In Saudi-Arabien ist ihnen das Autofahren verboten. Jene, die es im Ausland lernten, müssen mit hohen Strafen und Ächtung rechnen, werden sie dabei erwischt. In Riad versuchten 1991 Professorinnen, Lehrerinnen und Ärztinnen diese eingefahrenen Gesetze aufzubrechen. Gebracht hat es wenig: Die meisten wurden sofort von ihren Berufen oder Ämtern suspendiert, ihre Familien diskreditiert und die Ehemänner oder Väter angehalten, die Renegatinnen zu mäßigen. Mag in unseren Augen diese rigide Politik fremd, unverständlich und unzeitgemäß sein - Vergleiche mit den dummen Sprüchen, die manches Autoblech zieren, sind deshalb nicht abwegig. Schließlich haben Verbote denselben Hintergrund wie Vorurteile, auch wenn dies in aufgeklärten, „zivilisierten" Ländern ungern zugegeben wird.

Weibliche Mobilität ist den meisten Männern suspekt. Sie zeigt Unabhängigkeit, Selbstbewußtsein, Freiheit und kratzt an männlichen Positionen. Eine Frau, die jederzeit entscheiden kann, wohin sie geht und fährt, entzieht sich patriarchalem Einfluß, Schutz und Macht. Vor diesem Hintergrund erscheinen auch die allseits bekannten Ehekriege ums Auto in einem anderen Licht. Schon Sigmund Freud schrieb in den zwanziger Jahren über die Bedrohung, die von der Frau am Steuer ausginge. Auf den Motorsport bezogen, glaubte er zu wissen, Fahrerinnen nähmen nur an Autorennen teil, um der „weiblichen Sucht zu frönen, die Männer zu bezwingen und zu erniedrigen". Möglicherweise eine klassische Freud'sche Fehlleistung, die mehr über den Sprecher preisgibt als über den Inhalt des Gesagten.

„Frauen sind wie Autos: Es geht nichts über eine gute Polsterung."
(Mario Predazzo)

Freuds Ausspruch deutet allerdings auf mehr als nur verletzte Männlichkeit. Ein Auto zu lenken ist auch Zeichen von Macht. Nicht umsonst „beherrschen" Menschen die Maschinen (oder glauben zumindest, das zu tun). In der Diskussion ums Fahrvermögen geht es daher auch darum, wer die Richtung vorgibt und wer sich fügt.

Gängeleien
Über 50 Prozent der deutschen Frauen werden vom Partner oder Ehemann auf dem Fahrersitz kritisiert. Während im alten Westen tendenziell Tempo und Leichtsinn eingeklagt werden, werden im Osten Vorsicht und fehlende Souveränität bemängelt.

Die (Fahr)Fehler von Frauen wiegen deshalb schwerer als die von Männern. Wie schwer die althergebrachten Vorurteile aus der Welt zu schaffen sind, beweist schon ein Beitrag aus der Zeitschrift *Motor* aus dem Jahre 1907. Dort schreibt die Autorin Erna Richter über Fahrschülerinnen folgendes: „Im allgemeinen sind die weiblichen Fahrschüler ehrgeiziger als die männlichen. Sie nehmen es sehr genau mit den theoretischen Kenntnissen. Das schnelle Sichhineinfinden in den Motor wird ihnen aber oft schwer." Diese Feststellung könnte auch von Fahrlehrern der Gegenwart stammen. Den gleichen guten Leumund wie die 500 Fahranfängerinnen 1907 in Berlin haben also auch heute noch die Kandidatinnen.

„Heutzutage träumen viele Mädchen davon, unter eine hübsche Motorhaube zu kommen." (Hans Söhnker)

Statistisch gesehen verunglücken sie seltener als männliche Fahranfänger. Hinter der von Verboten oder Vorurteilen behinderten weiblichen Bewegungsfreiheit steht ein Rollendenken, das in anderen gesellschaftlichen Bereichen längst aufgehoben oder zumindest hinterfragt wurde. Männer wie Frauen wachsen mit Märchen und Mythen auf, in denen eingesperrte Prinzessinnen von vorbeireitenden Prinzen gerettet werden. Sich zu bewegen, Neues zu erkunden, sich von der elterlichen Obhut zu entfernen, das wird Jungen zugestanden. Mädchen haben im Haus oder Garten zu bleiben.

„Wenn eine Frau die Fahrprüfung machen will, sollte man ihr nicht im Wege stehen." (Ulrich Beck)

Auch diese, früher bewußt und heute eher unbewußt vermittelten Regeln sind schnell einstudiert. Erzieher beobachten, daß Mädchen nur selten ihre motorischen Fertigkeiten oder körperlichen Kräfte ausreizen und beim Spielen meist im Sichtbereich ihrer Eltern bleiben.

„Zur Potenz eines Mannes muß man heute die PS-Zahl seines Wagens hinzurechnen." (Mary Saunders)

41

Auch das Fahrverhalten ist von dieser Erziehung geprägt: Frauen fahren vorsichtiger, sie gehen im Durchschnitt etwa zwei Jahre später als ihre Freunde zur Fahrschule. Entsprechend länger dauert es, bis sie ein Auto ihr eigen nennen. Ähnliches gilt für die Technik: Neben mangelnder Routine gilt geringes Verständnis dafür als Ursache, warum Frauen schlecht fahren. Wer nichts von Zylinder, Motoren und Antrieb versteht, so die Argumentation, kann ein Fahrzeug nicht beherrschen. Doch es geht dabei nicht um Wissen, sondern um Macht und Tradition. Jahrhundertelang von Wissenschaft und Forschung ausgeschlossen, werden Frauen auch in der Gegenwart kaum von Schule, Eltern oder Arbeitsämtern zur Beschäftigung mit Technik und Naturwissenschaft angehalten.

Wie wenig technischer Sachverstand hingegen ausreicht, um ein Fahrzeug zu steuern, hat nicht nur Rennfahrer Walter Röhrl stets betont. Der Rallyesieger und Weltmeister unterstrich gern seine fehlenden Kenntnisse: „Ich wußte überhaupt nichts von Autotechnik, als ich vor 20 Jahren mit Rallyes anfing. Schließlich war ich damals Kirchenbeamter und außerdem ist technisches Verständnis kaum relevant beim Fahren." (Vieser, 1987). Selbst ein Sportfahrer muß kein Ingenieur sein, um sein Auto zu bewegen. Schließlich hat er sein Team, das ihn betreut.

Auch ein Ammenmärchen ist, daß Frauen häufiger als Männer wegen Benzinmangels liegenbleiben. Pannenhelfer bestätigen das Gegenteil: Sie werden eher von Männern zur Hilfe gerufen, auch deshalb, weil diese die Grenzen ihres Fahrmobils austesten wollten und damit sich wie das Auto überforderten. In punkto Fahrleistung und Routine haben Frauen in den letzten Jahrzehnten aufgeholt. Von den gefahrenen Jahreskilometern legen sie weit über 40 Prozent zurück, fast jedes dritte Auto wird heute von Frauenhand gesteuert.

Die gestiegene Mobilität bei Frauen ist in erster Linie auf größere finanzielle Selbständigkeit und berufliche Eigenständigkeit zurückzuführen. Wo Zeit gleichbedeutend mit Geld ist, hängt persönlicher Erfolg an Flexibilität und Beweglichkeit. Das lernt jeder schnell. Besonders viel Unabhängigkeit bietet - nicht nur räumlich gesehen - noch immer das Auto. Heute legen mehr junge Frauen die Führerscheinprüfung ab als Männer - ihr Anteil unter den Fahranfängern spiegelt die demografische Verteilung der Ge-

Weibliches Wachstum

Zwischen 1981 und 1992 nahm in Deutschland die Zahl der Autofahrer um 36 Prozent zu. Unter den Frauen betrug die Zunahme 57 Prozent, unter den Männern 23 Prozent. Unter den Vielfahrern, die mehr als 30.000 Kilometer pro Jahr zurücklegen, gibt es nur eine knappe Viertelmillion Frauen gegenüber zwei Millionen Männern.

schlechter wider. Noch vor rund 30 Jahren gehörte der Führerschein zur Aussteuer nur jeder dritten Frau, vor 15 Jahren zu der jeder zweiten, und heute hat nahezu jede ihren grauen Lappen.

„Ältere Frauen haben beim Parken größere Schwierigkeiten als jüngere, weil ihr Gehör nachläßt."
(Alberto Sordi)

Der Zuwachs autofahrender Frauen ist auch das Resultat eines hohen Lebensstandards. Ein zweites Auto für die Frau ohne (oder mit nur niedrigem) Verdienst können oder müssen sich immer mehr Paare und Familien leisten, wenn sie im Grünen leben wollen. Dabei wurde das Auto als ein Vehikel für Gleichberechtigung wiederentdeckt, das es in den zwanziger Jahren schon einmal war. Das Auto, resümierte 1993 eine Studie von Aral mit dem Titel *Frauen fahren voran*, diene Frauen nicht nur als praktisches Transportmittel, es sei „vielmehr ein wichtiges Mittel zur Kommunikation.

„Wenn die Ehefrau einen Autounfall hatte, sprechen 90 Prozent der Männer zuerst vom Auto." (Helen Catchwood)

Autospaß
41 Prozent der Frauen geben zu, daß sie „sehr gern" Auto fahren. Weitere 45 Prozent fahren „ziemlich gern". Unter Männern sind es nur 28 Prozent, die „sehr gern" und 47 Prozent, die „ziemlich gern" hinterm Steuer sitzen.

51 % der Frauen in den alten Bundesländern und 46 % der Frauen in den neuen Bundesländern verbinden mit dem Thema ‚Auto' an erster Stelle Freiheit, Unabhängigkeit und Selbständigkeit. Das Auto und Autofahren bedeutet Frauen ein wichtiges Stück Emanzipation."

„Männer sind ungerecht: Sie sehen immer nur den Baum, gegen den eine Frau gefahren ist - aber die vielen Bäume, die sie nicht einmal gestreift hat, die sehen sie nicht."
(Lisa Gastoni)

Die Vorsicht fährt mit

Statistiker und Psychologen schreiben Frauen ein besseres Zeugnis als männlichen Fahrern. Da ist von rücksichtsvollem und vorausschauendem Steuern die Rede, von realistischem Einschätzen des Fahrvermögens und von einem ausgeprägten Sicherheitsbewußtsein. „Frauen haben deutlich seltener als Männer einen Unfall, weil sie etwa infolge zu hoher Geschwindigkeit die Kontrolle über ihr Fahrzeug verlieren. Und das sind in der Regel besonders schwere Unfälle", schreibt etwa Elvira Kretschmer-Bäumel, die als Soziologin in der Bundesanstalt für Straßenwesen in Deutschland auch Unfallstatistiken auswertet: „Auch bei Frontalunfällen und Auffahrunfällen - ebenfalls Unfälle, bei denen oft zu hohe Geschwindigkeiten eine Rolle spielen - sind Frauen weniger häufig vertreten." Frauen sind zwar häufiger in Unfälle verwickelt als Männer. Doch verursachen sie dabei meist nur leichte Schäden: Karambolagen und Auffahrunfälle. An den schweren Unfällen mit Verletzten und Todesfolgen sind sie verhältnismäßig selten beteiligt.

„Der Fußgänger ist ein verheirateter Mann, der nicht glauben will, daß seine Frau einen eigenen Wagen braucht." (Volksmund)

„Für Frauen ist das Auto Mittel zum Zweck. Für Männer ist es der Zweck, für den manchmal die Mittel fehlen."
(Joan Pitchfeld)

Es ist nicht nur Klischee, wenn Fehler beim Abbiegen, beim Ein- und Ausparken oder bei der Vorfahrt als typisch weiblich gelten. Frauen werden deswegen statistisch überproportional oft erfaßt. Spekuliert wird allenfalls über die Ursache: Vielleicht haben Frauen - so ein Argument - ein kleineres Gesichtsfeld als Männer oder ein schlechteres Gefühl für Raum und Entfernungen. Die Unfälle - so ein anderer Standpunkt - resultieren weniger aus einem Mangel an Können, sie sind vielmehr ein Zeichen von Unsicherheit und Zögern.

Für letzteres gibt es nachvollziehbare Gründe: Gemäß ihrer Erziehung schätzen Autofahrerinnen ihr Können tendenziell schlechter ein. Sie fällen daher nicht nur beim Fahren zögernd Entscheidungen oder reagieren unter Druck oft hektisch. Im Gegensatz zu Männern halten sie sich auch stärker an Tempolimits, Regeln oder Verbote - ein Verhalten, das in der aktuellen Verkehrssituation eindeutig Pluspunkte erhielt. Nur selten werden Fahrerinnen alkoholisiert erwischt oder sind - das bestätigen Verkehrspolizisten wie Statistiker - unter den rücksichtslosen Rasern und Dränglern zu finden. Das typische weibliche Fahrverhalten, so könnte das Fazit lauten, hilft Leben schützen, ist ein Beitrag dazu, den Verkehr zu beruhigen, kurz: ist vorbildlich.

Obwohl sich die Situation auf den Straßen verändert hat, gilt riskantes Fahren immer noch als Zeichen von Stärke. Ein ganzer Kerl fährt wie ein Henker, ist stolz auf seinen schnellen Gefährten und sieht den Gefahren des Verkehrs wagemutig entgegen. Eine Fessel der geschlechtsspezifischen Erziehung und ein Verhalten, das vielen Jugendlichen am Wochenende das Leben kostet. Auch wenn sich auf Diskotouren junge Männlichkeit gern mit der fremden Kraft von PS und Tempo schmückt und daher viele junge Fahrer mit ihren Freunden sterben, überlassen Eltern am Wochenende lieber ihren Söhnen das Steuer als den vorsichtigen Töchtern. Wer sich für Verkehrssicherheit stark macht, appelliert deshalb inzwischen an die Vernunft von Beifahrerinnen, ermutigt sie zu widersprechen und gegen männliches Imponiergehabe vorzugehen.

Es ist jedoch ein brüchiges Image, das sich Männer mit Hilfe von Fahrstil und Autos aufbauen. Es bröckelt, wenn Frauen ein Auto benutzen und dies auch noch beherrschen: „Männer identifizieren sich mehr mit ihrem Auto als Frauen", hat die Soziologin Gloria Frink 1990 in einer Studie *Frauen und Auto* festgestellt. Bei der Untersuchung, in der die Position von Männern und Frauen zum Auto beleuchtet wurde, fiel ihr zudem auf: „Allerdings führt gerade das massenhafte Auftreten von autofahrenden Frauen dazu, daß Männer verunsichert werden; denn Frauen machen sich lustig über Männer, die sich zuviel mit ihrem Auto beschäftigen."

Zur Auto-Lust gehört aber auch der Frust. Mehr als bei männlichen Fahrern sitzt bei Frauen die Angst mit am Steuer und rät zur Vorsicht. Ein Verhalten, das nicht nur Statistiken oder Psychologen bestätigen. Immer wieder sprechen auch Rennfahrerinnen von einer letzten Barriere, die Frauen von der absoluten Risikobereitschaft trennt. Zum Beispiel Michèle Mouton 1983: „Angenommen", überlegte sie in einem Interview mit Herbert Völker, „Rosberg, Mikkola, Blomquist (damals Spitzenfahrer im Rallyesport, d. Verf.) und ich stehen vor einer völlig neuen Kurve, von der man sagt, sie könnte vielleicht VOLL gehen. Es steht viel auf dem Spiel, hoher Einsatz, gleiche Autos. In einer solchen Situation werden die Männer mich schlagen, sie sind früher bereit, sich zum VOLL zu überwinden. Ich kann genausogut und schnell wie sie fahren, werde aber vorerst herausfinden wollen, ob die Kurve wirklich VOLL geht. Ich bin nicht bereit, das als Nachteil der Frau im allgemeinen zu finden."

Zu ähnlichen Schlüssen kam 1987 eine Untersuchung im Auftrag der Zeitschrift *Stern*. Es ging um die Bereitschaft, wie Autofahrer Risiken zu erkennen und diese zu bewerten. Das Resümee: Frauen gehen, wenn ihre Pulsfrequenz steigt, sie also unter Streß stehen, mit dem Fuß vom Gas. Männer hingegen fahren trotz hoher Pulsfrequenz entweder mit gleichem Tempo weiter oder drücken das Gaspedal sogar durch.

Die Nachteile des überaus vorsichtigen Verhaltens werden in Fahrsicherheits-Übungen sichtbar. Silka Fritzinger, Trainerin und ehemalige Rallyefahrerin, berichtet, Frauen säßen oft allzu verkrampft hinter dem Steuer. Daraus und aus dem häufigen Zögern beim Fahren schließt die Trainerin: „Frauen fällt es schwer, während des Fahrens eine Entscheidung zu treffen und dabei auch zu bleiben."

Die Unentschlossenheit beim Fahren ist jedoch kein Resultat mangelnder Routine, fehlenden Wissens oder von technischem Unverständnis, sondern vielmehr der Effekt

DIE FRAU AM STEUER

Madame will rechts abbiegen.

Madame will links abbiegen.

Weder links noch rechts — sie führt geradeaus.

Der Nagellack ist noch nicht trocken.

In Ruhestellung.

Und nochmals in Ruhestellung.

Flugzeug beachten!

Jetzt hat sie den Krampf im Arm.

Nachfolgende Fahrer, Achtung! Was wird sie tun?

Aus dem Italienischen. Bei uns ist alles anders . . .

AUS DER AUTOMOBILREVUE BERN

aus sogenannten weiblichen Tugenden wie Zurückhaltung, Schutzbedürftigkeit, Sich-Unterordnen und infolgedessen mangelndem Selbstvertrauen. Obwohl sie gern das Steuer in die Hand nehmen: Sind Frauen mit Freund oder Partner unterwegs, sitzen sie wie selbstverständlich auf der rechten Seite und halten sich mit Kritik an riskantem Fahrverhalten eher zurück.

Darüber berichten heute nicht nur junge Frauen, die sich zur Disko fahren lassen, schon früher taten dies - pointierter - Autorinnen in Zeitschriften. So zum Beispiel Rita Nordwig im Porsche-Magazin *Christopherus*: Sie beschrieb 1955 unter dem Titel „Porscheritis" ihren Mann auf dem Weg zu seinem Traumauto - und zeichnete dabei ironisch das Bild einer Krankheit, an der sich Frauen leicht anstecken, weil sie sich nicht wehren: „Die ersten Symptome waren harmlos. Mein Mann verkaufte sein Motorrad, kaufte einen uralten Opel. Auf der ersten Ausfahrt verlor er mich in einer Kurve. Ich schimpfte auf die Tür, die sich während der Fahrt geöffnet hatte, und er schimpfte auf mich. Erst als er wenige Tage danach seinen Freund (...) gerade noch in der Luft auffangen konnte, ließ er mir Gerechtigkeit widerfahren und glaubte, daß die Türe nicht mehr zu schließen war. (...) Nach anderthalb Jahren, die mir den Fortschritt anzeigten, hatten wir einen Volkswagen. Dafür hatten wir im Musikzimmer keine Teppiche und Gardinen, ein halbes Eßservice, ein dreiviertel Kaffeeservice und beim Großreinemachen einen geborgten Staubsauger."

Wie stark Frauen sich den Fahrkünsten der Männer unterordnen, ist auch in den Büchern von Elly Beinhorn nachzulesen. In den dreißiger Jahren war sie eine bekannte Sportfliegerin, die sich auf Weitstreckenflügen einen Namen gemacht hatte. 1936 heiratete sie den Rennfahrer Bernd Rosemeyer - und wertete fortan ihre eigenen Leistungen ab. Daß sie trotz schlechter Witterung oft im Blindflug (Funk oder Radar gab es zu dieser Zeit nicht) ihr Ziel fand, zählte angesichts der Rekorde ihres Mannes nicht mehr. In der Biografie von Bernd Rosemeyer schrieb Elly Beinhorn: „Ich kam mir in meiner Box mit den Stoppuhren klein und bescheiden mit meiner Fliegerei vor. Das war wirkliche Leistung, was ich hier sah (während des Großen Preises vom Nürburgring, 1936, d.Verf.)". Als ihr Mann später selbst fliegen konnte: „Nach Bern flogen wir wieder gemeinsam. Nur war der Umgang mit Bernd in der Luft wesentlich schwieriger geworden. ‚Bitte' erklärte er voll Würde, als ich ihm unterwegs mal für eine Weile das Doppelsteuer in die Hand drückte ‚entweder du fliegst - oder ich. Aber mir so gelegentlich ohne Gas und Landeklappen den Knüppel in die Hand zu drücken: die Zeiten sind vorbei, mein gutes Kind.`"

Der Mann ließ (und läßt) sich zu Hilfsdiensten hinterm Steuer kaum herab. Auch heute kennen viele Frauen die asthmatischen Geräusche, mit denen männliche Passagiere ihre Fahrweise oder Fahrfehler quittieren. Statt sich dies zu verbitten, geben Fahrerinnen klein bei und hocken beim nächsten Mal wieder auf der rechten Seite. Ähnliches zeigt sich bei der Nutzung ihrer Autos. Eher verzichten Frauen, so beobachtete etwa Gloria Frink, ganz auf ein Fahrzeug als es mit einem Mann teilen zu müssen. „Die Angst davor, daß das eigene Auto dem Partner auch gefällt und von ihm genutzt wird, ist eines der Motive für die Bevorzugung eher kleinerer Autos", erfuhr die Psychologin.

Vermutlich sind es die Frauen selbst, die ihren Fahrkünsten am wenigsten trauen. Sie ergreifen, selbst wenn's kritisch wird, nur selten die Initiative. Als Fahrtrainerin bemängelt Silka Fritzinger die fehlende Bereitschaft der Teilnehmerinnen, den ersten Schritt zu tun oder sich durchzusetzen. In gemischten Gruppen, berichtet sie, „treten die Frauen immer einen Schritt zurück und lassen den Männern den Vortritt, wenn es um eine Übung geht". Silka Fritzinger schließt daraus spöttisch: „Frauen ist die Materie Auto noch immer nicht ganz geheuer oder sie erscheint ihnen als Teufelshandwerk des Mannes."

Fahren aus Berufung

Aber der Streit ums Fahrvermögen hindert nur noch wenige Frauen, sich hinters Steuer zu setzen. Für einige gehört er jedoch zum Alltag. Seit jeher gibt es Frauen, die im Auto oder Lastwagen ihrem Beruf nachgehen. Noch in der Gegenwart sind die meisten von ihnen Vorurteilen und Mißtrauen ausgesetzt, noch immer gehört viel Kraft, Selbstbewußtsein und Mut dazu, sich als Frau unter Trucker und Taxifahrer zu mischen. Wie in der Vergangenheit werden sie als „Mannweib" verschrien, pendeln zwischen scharfer Kritik und hohem Interesse an ihrem Außenseiter-Dasein, und tun sich unter diesen Belastungen schwer damit, ihre Position zu behaupten. Frau Doktor Elisabeth von Papp ist dafür nur ein Beispiel unter vielen. Die ungarische Rechtsanwalts-Witwe aus Berlin ging 1908 als erste deutsche Taxi-Chauffeuse in die Automobil-Annalen ein. Mit dieser Arbeit versuchte die alleinstehende Frau, sich und ihre Kinder zu ernähren. Das absolute Novum wurde oft ge-

bucht, sogar auf Postkarten gebannt und zur viel diskutierten Ansichtssache. Der Ausflug in die Männerwelt endete aber bald in Arbeitslosigkeit: „Die geschickte Droschkenkutscherin stieß nicht überall auf ungeteilte Zustimmung, sondern sie wurde von zahlreichen Kollegen wie auch dem Publikum häufig aufs übelste beschimpft und schikaniert. Nach wenigen Monaten ‚auf dem Bock' mußte Elisabeth von Papp schon wieder ihren Beruf abgeben", berichtet Lutz-Ulrich Kubisch in seinem Buch über das Taxigewerbe. Es war unschicklich für eine Frau, im Auto zu arbeiten. Sie bewies damit ja täglich, daß das angeblich so schwache Geschlecht auch in technischen Bereichen seine Stärken hatte - und daß die Macht der Männer in dieser Hinsicht nicht auf Wissen oder Kraft gründete.

Das Beispiel Elisabeth von Papp machte Schule und fand in ganz Deutschland viele Nachfolgerinnen. Vor allem nach den beiden Kriegen, in Zeiten von Männermangel haben Frauen immer bewiesen, was sie zu leisten vermögen. Als Berufsfahrerinnen haben sich Frauen aber erst in

Fahrleistung
Die Deutschen legen inzwischen rund 92 Milliarden Wege im Jahr zurück. Jeder von uns beschreitet 1134 Wege, das sind drei Wege pro Tag und Einwohner. 500 Mal bedient sich der Durchschnittsdeutsche dazu des Autos, 28 Prozent der Wege werden zu Fuß zurückgelegt.

den späten sechziger Jahren durchgesetzt. Zum Boom kam es einige Jahre später, als Studentinnen das Taxi zum Geldverdienen entdeckten. Verbote und höhere Auflagen zum Arbeitsschutz, die bis in die späten achtziger Jahre für Taxi- oder Busfahrerinnen und Truckerinnen galten, haben jedoch dazu geführt, daß die Vorbehalte gegenüber Frauen als Berufsfahrerinnen noch heute groß sind.

Fahrbereitschaft

Von rund 300.000 Taxifahren waren 1993 etwa ein Drittel Frauen, unter über 900.000 Bus- und LKW-Fahrern nur etwa 40.000. Erst seit 1992 werden die Stellen in der Fahrbereitschaft des deutschen Bundestages gleichberechtigt Frauen und Männern angeboten.

Kontakte

Truckerinnen und Fernfahrerinnen treffen sich regelmäßig in Raesfeld zum Stammtisch. Kontakt: M. Kirchhoff, Borkenstr. 5, 46348 Raesfeld.

Carmen Lorenz

Zwischen Isartor und Giesing, von Bogenhausen bis nach Pasing: Carmen Lorenz kennt sich aus in München. Die ehemalige Erzieherin und Sekretärin arbeitet seit gut zwei Jahren als Taxifahrerin, chauffiert bevorzugt nachts ihren beigen Mercedes durch die Straßen: „Dann muß man weniger auf Kundschaft warten und kann eher mal einen Aufhalter aufgabeln und verdient besser", berichtet die lebhafte Frau. Nicht nur die Aufhalter, jene also, die vom Straßenrand nach einem Taxi winken, wundern sich oft, wenn eine Frau am Steuer sitzt. Man rechnet mit einem Mann, nachts ohnehin.

Das Gesprächsthema für die nächste Strecke steht fest, sobald sich der Wagenschlag schließt: „Jeder weibliche und mindestens jeder zweite männliche Fahrgast fragt, ob ich nicht Angst habe, nachts und als Taxifahrerin", erzählt Carmen Lorenz. Sie zuckt dann meist nur mit der Schulter. Ihr ist bewußt, daß sie nicht besonders kräftig aussieht, sie ist schlank und mittelgroß. „Wenn's passieren soll, passiert's", gibt sie sich fatalistisch. „Man kann es ja nicht beeinflussen, aber wenn die Typen ganz übel ausschauen, dann ruft man einen Kollegen."

„Es" beschreibt weniger die Angst vor Raub und Diebstahl. Auch die ist jederzeit gegenwärtig. „Es" ist bei einer Taxifahrerin mehr: die Furcht vor verächtlicher Männergewalt. Denn eine Taxifahrerin ist bei ihrer Arbeit auf sich gestellt. Das Risiko, einen brutalen Passagier aufzunehmen, ist immer gegeben, somit nicht einzuschätzen. Trotzdem wird dem Unabwägbaren ein Gesicht verpaßt: Mit Menschenkenntnis wollen Taxifahrerinnen ihm begegnen, beim ersten Anschauen eines unbekannten Gesichts gefährliche Vorhaben erkennen.

Dabei sind es ja nicht unbedingt die Männer mit brutalen Zügen, sondern vielleicht eher der ganz nett wirkende Typ, der gefährlich sein kann. Davon berichtet Victoria Thérame, eine französische Chauffeurin, in ihrem Buch *Die Taxifahrerin*: „Der Typ kommt zu mir rüber. Ein Kerl von dreißig, fünfunddreißig Jahren, nicht sehr groß, etwas eckig gebaut, aber nicht vierschrötig, gut gekleidet, brünett, die Haare eher kurz, aber normal geschnitten, ich meine keinen Legionärs- oder Bürstenhaarschnitt. Ich sage mir, das ist ein Barmann, oder ein Typ aus dem Nachtclub. Doch nein, dafür ist er zu schick."

Eine Viertelstunde später: „Ich bemerke, daß er einen unguten, harten Blick hat, den er beim Einsteigen nicht hatte." …Das Unaussprechbare und Verdrängte passiert: An diesem Tag gelingt es ihr nicht, der Gefahr zu entkommen. Und trotzdem fährt sie - wie im übrigen viele Taxifahrerinnen, die das Schicksal teilen - weiter ihre Passagiere durch die Stadt. Daraus leiten manche Fahrgäste eine niemals ausgesprochene Einladung ab: werden handgreiflich, zudringlich und wundern sich, wenn sie nicht landen. Unmißverständliche Angebote gehören zum Job, eine Frau, so die menschenverachtende Männerlogik, die sich der Gefahr tagtäglich aussetzt, vergewaltigt zu werden, will das im Grunde auch.

So unglaublich das klingt: An die tägliche Bedrohung in ihrem Berufsalltag hat sich die Münchnerin Carmen Lorenz gewöhnen können. An die regelmäßige Anmache jedoch nicht. Verbalattacken und das häufige Betatschen vergällen ihr den Berufsalltag. „Es liegt wohl in der Natur der Männer, daß sie nicht begreifen, daß ich wirklich nichts von ihnen will", sagt sie. „Die Hand kommt dann immer wieder rüber, sie denken offensichtlich, daß man nur Taxi fährt, um Männer aufzureißen."

Taxifahrerinnen lernen dabei schnell, sich mit frechen Kontern die Fahrgäste vom Leib zu halten: „Es ist interessant, wie man das Gespräch lenken kann," sagt Carmen Lorenz. Vom Sex zum Wetter oder auf die Straße - das holt den stärksten Helden runter von seinem falschen Trip. Nur manchmal, wenn Fahrgäste Druck ablassen und deshalb unverschämt werden oder sich im Ton vergreifen -

dringt ein Stich unter die antrainierte dicke Haut und pickst das Selbstbewußtsein.

Carmen Lorenz liebt trotzdem die Fahrten durch die Nacht. Sie spürt Unabhängigkeit, genießt die Möglichkeit, in aller Ruhe Straßenszenen und Menschen beobachten zu können. „Die Spannung am Standplatz, wer steigt jetzt ein", sagt sie, „das ist einfach faszinierend an diesem Job." Schauspieler, Regisseure, Firmenbosse und andere Promis oder interessante Leute, die viel zu erzählen hatten, hat sie schon chauffiert. Und nicht zuletzt öffnet das Taxifahren Carmen Lorenz so manche Tür, die früher verschlossen blieb: „Ich wollte am Anfang alles durchmachen, ich kam in Spelunken, in die ich sonst nie reingekommen wäre", erzählt sie und lacht über die ungewohnten Erfahrungen, doch mit der zunehmenden Routine hat sich diese Neugierde abgenutzt.

Seit 1993, damals war sie 28 Jahre alt, fährt die ehemalige Erzieherin aus Walderhof in Bayern Taxi. Durch ihren Freund fand sie erst den Nebenjob in der Zentrale, später dann - nachdem sie Ortskundeprüfung, Reaktions- und Sehtests bestanden, ihre Kondition unter Beweis gestellt und den Taxischein in der Tasche hatte - auch hinterm Steuer. „Die Kollegen reagierten ganz unterschiedlich", berichtet Carmen Lorenz. „Anfangs hieß es, was will die denn jetzt hier? Aber daß ich den Schein gemacht hab, das hat mir Anerkennung eingebracht." Inzwischen ist sie nichts Besonderes mehr unter den Kollegen, der Umgangston ist schonungsloser und rauher geworden, sie reagiert schlagfertig auf Bemerkungen oder dumme Witze. Sie sei, stellt Carmen Lorenz fest, durch ihren Job resoluter, bestimmender, eigenständiger geworden. Sie hätte mehr Selbstvertrauen gewonnen, würde Pläne und Entscheidungen gradliniger anpacken und lösen.

In Großstädten ist der Markt um Kilometer hart umstritten, vor allem, wenn es viele Konzessionen zum Taxifahren gibt. Der wirtschaftliche Druck wird von den Unternehmern an die Chauffeure weitergegeben: „Du mußt dich auskennen, die besten Stellplätze anfahren, dann verdienst du auch gut," meint Carmen Lorenz. Sie bekommt keinen festen Lohn, arbeitet auf Provision: Je mehr Kunden sie fährt, desto mehr Geld ist in ihrer Börse. Carmen Lorenz kommt etwa auf zwölf Mark pro gefahrener Stunde - ein Grund, warum sie wie viele andere Fahrer und Fahrerinnen auch nur für einen Nebenverdienst im Taxi unterwegs ist.

Monika Bürdel

Die Schweizerin Monika Bürdel hat sich nach einer Gärtner-Lehre noch einmal umentschieden: Da war sie 20 und beschloß, Lastwagen zu fahren. 1990 legte sie die Prüfung für den entsprechenden Führerschein ab und bewegt seither vom Transporter bis zum Sattelschlepper alle großen Wagen. Ein Job, der kaum mit einer Frau verbunden wird, auch wenn durch Servolenkung und andere nützliche Technik das Fahren großer Brummer fast zum Kinderspiel geworden ist.

Wenn schon eine Frau am Steuer eines Lastwagens, dann stellt man sie sich groß und kräftig vor und auch mit einer großen Klappe ausgerüstet. Doch damit will und kann Monika Bürdel nicht aufwarten. 1,68 Meter groß, eher unauffällig und bedächtig, gibt sie zurückhaltend bis einsilbig Auskunft über sich, ihren Beruf und ihren Alltag. Kraftausdrücke, wie man sie von Truckern kennt, sind im Gespräch mit ihr ausgeschlossen.

„Nur wirklich schwere Sachen, die auch ein Mann nicht schaffen kann, müssen die Spediteure laden", sagt Monika Bürdel. Es wird vorausgesetzt, daß sie zupackt und ihren Auflieger auch selbst bepackt. Und das ist dank Gabelstapler oder Hydraulik-Technik eine zu bewältigende Aufgabe. Monika Bürdel fährt alles, was an einem anderen Ort gebraucht wird: Obst und Maschinen, Möbel und Kleidung, Elektrogerät und Kosmetik - je nach Auftrag und Bestimmungsort. Als Frau bekommt sie es dabei gelegentlich auch leicht gemacht: „Auch bei leichteren Kartons und Frachten wird mir gern geholfen."

Für ihre Ladung ist sie selbst verantwortlich, daß diese unbeschadet und pünktlich ankommt ebenfalls: „Egal welche Ladung ich habe, Angst, sie nicht heil ans Ziel zu bringen hatte ich noch nie", sagt Monika Bürdel. Nur bei ihrer ersten Fahrt im Lastwagen war ihr mulmig: „Ich hatte kaum Vorbildung und Erfahrung und wurde einfach in so ein Riesending reingesetzt", erinnert sie sich an den Auftrag im ersten 28-Tonner. Die Hände zitterten beim Rangieren, nur langsam traute sie sich zu fahren. Die Angst, anzuecken und die Ausmaße des Trucks nicht richtig einzuschätzen, fuhr mit. Das hat sich gelegt, Monika Bürdel hat mit jeder weiteren Fahrt erkannt, daß die Ehrfurcht vor der Fahrzeuggröße grundlos ist. Wer sieht, wie sie einen Lastwagen in Hinterhöfe oder durch enge Gassen lenkt, glaubt ihr gern: „Das Fahren von so einem Laster ist einfacher als von einem Auto."

Und trotzdem: Vorbehalte gibt's auch gegen Lastwagen-Fahrerinnen. Seitens der Auftraggeber und seitens der Kollegen. Monika Bürdel hat beides am eigenen Leib erfahren. „Als ich mich bei einer kleinen Spedition beworben habe, wurde ich abgelehnt, weil ich eine Frau bin", erinnert sie sich. Auch eine Freundin, die einen Job als Fahrerin suchte, fand aus diesem Grund lange keine Stelle. Und dann gab es da noch einen Firmenchef, der Monika Bürdel partout nicht auf den Hof fahren lassen wollte - aus Angst um seine Mauern und Maschinen, die sie dort abholen sollte. „Bei mir fährt keine Frau auf den Hof," hieß es schlicht und einfach. Da half es nichts, daß die Fracht woanders schnell gebraucht wurde. Und auch nicht, daß der Transport bezahlt war. Vor soviel Dummheit und Borniertheit mußte Monika Bürdel passen - sie machte kehrt und fuhr zurück nach Thun. Unsicher allerdings, denn ungewiß war, wie ihr Chef reagieren würde. „Er stand damals absolut zu mir", erinnert sie sich. „Er nahm danach von diesem Kunden keine Aufträge mehr an."

Eine ungewöhnliche Ausnahme im hart umkämpften Markt des Lastverkehrs. Wie in der Schweiz sieht auch in Deutschland die Lage für Fahrerinnen nicht rosig aus. Das jedoch ist kein Thema für Monika Bürdel, darüber gibt ihr Mann Thomas Auskunft, er ist Trucker wie sie: „Es gibt zwar an vielen Rastplätzen jetzt schon Duschen für Fahrerinnen", berichtet er. „Deutschland ist zwar sehr fortschrittlich mit solchen Einrichtungen, aber die Spediteure dort sind stark gegen Fahrerinnen eingestellt." Noch 1984 mußten Frauen, die einen Truck lenken wollten, eine Unbedenklichkeits-Bescheinigung vom Arzt oder Gesundheitsamt vorlegen - eine Auflage, die jeder gesetzlichen Grundlage entbehrte und von den männlichen Kollegen nicht verlangt wurde.

Monika Bürdel hat zwar Glück mit ihrem Chef, doch Erfahrungen mit gängigen Vorurteilen macht sie fast täglich. Die kommen vor allem von Leuten, die noch nie hinter dem Steuer eines Trucks gesessen haben und trotzdem meinen, sich über die Routine einer Fahrerin erheben zu können. Monika Bürdel weiß, daß ihr in Städten kein Fahrfehler unterlaufen darf. „Beherrsche ich kitzlige Wendemanöver, dann bin ich gut", sagt sie. „Mache ich Fehler und komme aus engen Straßen nicht mehr ohne Hilfe raus, dann heißt es: ‚Wußten wir doch, daß das eine Frau nicht schafft'." Davon läßt die Schweizerin sich längst nicht mehr beeinflussen. Sie hat in ihren Berufsjahren schon zu oft gesehen, wie Kollegen beim Rangieren Schwierigkeiten bekamen. Und sie hat sich selbst oft genug ohne hilfreiche Zeichen aus steilen Kehren oder engen Höfen gewunden.

Das macht sicher, ruhig und energisch - auch in anderer Hinsicht: Wenn beim Laden wieder mal einer besser weiß, was richtig ist, weiß sie sich durchzusetzen: „Eine Frau, die das nicht kann und den Konkurrenzdruck in diesem Job nicht aushält, hört bald wieder auf mit dem Fahren."

Mit ihrem Mann und zwei Hunden lebt Monika Bürdel abgeschieden in einem kleinen Dorf im Berner Oberland. Die Fahrten, die sie nach Frankreich, Holland, Italien, Belgien oder Italien führen, werden meist sehr kurzfristig angesetzt. Weshalb in ihrer selbstgewählten Einsamkeit das Mobiltelefon Verbindungen nach draußen hält und die kleine Reisetasche wie bei einer Schwangeren stets gepackt ist.

Neun Stunden pro Tag darf sie nach Schweizer Recht am Steuer sitzen, zusammen mit Ein- und Ausladen sind 15-Stunden-Tage die Regel. „Beim Fahren lebe ich praktisch im Lastwagen", erzählt die Fahrerin. Das ist auch so, wenn Staus an den Grenzen die Fahrzeiten verlängern oder wenn am Ziel keine Ladung für den Rückweg gebucht wurde. In solchen Fällen muß Monika Bürdel warten, bis sie ihren Transporter wieder laden kann. Bei solchen Zwangsaufenthalten genießt sie es dann besonders, wenn ihr Mann dasselbe Ziel hatte. Meistens jedoch ist Monika Bürdel allein unterwegs, begleitet nur von Moritz, einem kleinen, weißen Hund undefinierbarer Rasse.

Er böte wenig Schutz, wollte jemand nachts an Fracht oder Wagen: „Es kommt drauf an, wo man den Wagen hinstellt", beschreibt sie die Eigenschutzmaßnahmen. „In Italien kann es durchaus passieren, daß die ganze Ladung oder der Wagen wegkommt. Deshalb suche ich dort möglichst bewachte Parkplätze oder solche Stellen, die regelmäßig von der Polizei kontrolliert werden."

Monika Bürdel macht ihre Arbeit gern, es ist aber ihr Mann Thomas, der bedauert, daß nicht mehr Frauen fahren: „Frauen verändern das Betriebsklima", meint er, „in der Gegenwart von Frauen fallen nicht so viele Kraftausdrücke und es wird nicht so stark geprotzt."

Reinhilde Braun

„Ich war immer die fürs Grobe, das Rauhbein", meint Reinhilde Braun. Sie überließ es früher ihren beiden Brüdern, der Mutter die Haare einzudrehen oder beim Kochen zu helfen. Sie turnte viel lieber mit dem Vater im Heuschober herum, packte bei der Ernte und beim Melken mit an, ließ sich zeigen, wie man den Traktor fährt. Mit zwölf hatte sie die Technik raus, saß allein auf dem Bock - auch wenn sie fürs Schalten jedesmal vom Sitz krabbeln mußte, um das Kupplungspedal zu erreichen.

Sehr viel länger, als sie es als Mädchen schon war, ist Reinhilde Braun nicht geworden. Sie nimmt das mit Humor, macht eventuell fehlende Zentimeter mit einem großen Herz, mit viel Lust aufs Ungewohnte oder mit Schlagfertigkeit wett. Weil sich allerdings ihre Größe - Reinhilde Braun mißt genau 1,57 Meter - mit einem ungewöhnlichen Hobby und Beruf verbindet, bringt sie zumindest Fremde immer wieder zum Staunen. Reinhilde Braun ist Fahrerin aus Berufung wie aus Leidenschaft. Sie lenkt Bagger, Busse, Lastwagen oder Sattelschlepper, und dafür sollte man - so die gängige Meinung - groß, breit und stark sein. Auf Fotos ist jedoch zu sehen, daß Reinhilde Braun manchmal sogar kleiner ist als die gewaltigen Stollenräder der Fahrzeuge, die sie in Bewegung setzt. „Hast du Holzklötze auf den Pedalen, werde ich oft gefragt", erzählt die Fahrerin grinsend, streicht sich mit den Händen durchs burschikos kurze Haar und versichert zum hundertsten Mal, daß das nun wirklich nicht nötig ist.

Mit einer tonnenschweren Zugmaschine nimmt sie regelmäßig an Wettrennen teil. „Das kann jede Frau, auch wenn sie noch so klein ist", meint sie. „Kraft braucht man gar nicht dazu, sondern eher Gefühl." Wer nach diesen Worten noch zweifelt, den lädt das agile Persönchen gern zu einem persönlichen Test ein. Ob auf den TruckRennstrecken Europas, über schlammige Erdhügel oder unwegsame Baustellen - Reinhilde Braun fährt mit leichten Reifen über alle Bedenken hinweg und beweist - locker über Servolenkung, Kraftübertragung und verstellbare Sitze plaudernd -, daß Lastwagenfahren heute auch Frauensache ist. Nur der Nacken und die Schultern schmerzten zuweilen: „Weniger deshalb, weil ich als Frau einen Truck fahre", sagt sie, „sondern wahrscheinlich ein Erbstück meines

Vaters. Würde ich regelmäßig zur Krankengymnastik oder zur Massage gehen, wäre das kein Thema." Weil sie jedoch mit solchen Terminen schlampt und sich statt dessen lieber mit Freunden, Familie oder Trucks abgibt, behilft sich Reinhilde Braun mit Fitnessübungen und trainiert mit Hanteln gezielt ihre Nackenpartie. Auf das Fahren würde sie wegen so ein paar Zipperlein nicht verzichten.

Schon als Mädchen war klar, daß sie zum Arbeiten niemals ins Büro, in einen Laden oder einen Friseursalon gehen würde. Den Hof ihrer Eltern in der Eifel hätte sie gern übernommen. Aber Vater und Mutter rieten ab, weil die Landwirtschaft Anfang der siebziger Jahre nichts mehr hergab. Das Angebot einer Tankstelle kam zur rechten Zeit: „Die kamen wirklich zu mir nach Haus, weil sie wußten, ich wollte das machen", erzählt sie, und nachdenklicher: „Kann man sich noch nicht mal heute vorstellen." Sieben Jahre lang wusch sie Autos, verkaufte Schokolade und Frostschutzmittel, betankte Autos. Schaute, wenn genügend Zeit dazu blieb, auch in der Werkstatt vorbei und den Mechanikern über die Schulter. „Das würde ich heute sofort wieder machen", schwärmt die gelernte Tankwartin. „Es war herrlich dort - der Umgang mit den Kunden, das Hantieren mit den Autos. Ein toller Beruf, und in der Werkstatt habe ich viel dazu gelernt." Trotzdem - auch an der Tankstelle gab's kein langfristiges Auskommen. Im Zuge von Automatisierung und Veränderung des Angebots verlor Reinhilde Braun ihren Traumjob an der Zapfsäule.

Das war 1977, als 22jährige startete Reinhilde Braun eine neue Karriere und heuerte bei einem Busunternehmen an. Im Kleintransporter fuhr sie behinderte Kinder zur Schule, zum Arzt oder nach Hause. „Mann, hab' ich die Fahrer von den Linien- und Reisebussen damals bewundert, wie die mit den Dingern umgehen konnten," berichtet sie von dieser Zeit. Doch es wäre nicht Reinhilde Braun gewesen, wenn sie sich nur aufs Zuschauen beschränkt hätte. Nach Feierabend klemmte sie sich selbst hinters Steuer und rangierte auf dem Hof die Busse - an Fahrzeugen jedweder Art war sie schon immer interessiert und daran, diese auch beherrschen zu können. Sie schaffte sogar die großen. Zum Führerschein für Lastwagen und Bus mußte sie allerdings sanft gezwungen werden. Ein früherer Kollege übernahm das und meldete sie heimlich bei der Fahrschule an. „Mein Fahrlehrer war immer ganz begeistert, wenn Frauen das machten", meint sie und ein bißchen Stolz blitzt in ihren Augen, als sie hinzufügt, eine der ersten Busfahrerinnen im Kreis Simmerath bei Aachen gewesen zu sein. „Heute sieht man viele Frauen im Bus oder

56

in der Straßenbahn", sagt sie. „Ich dachte, auch im Lastwagen werden es mehr."

Jahrelang fuhr sie Schulkinder oder Hausfrauen durch die Stadt, Reisende durch die Lande. Bis sie ihren Mann traf und auf dessen Baustellen Kippsattelschlepper, Schauffellader oder Bagger ausprobierte. Sie hatte Feuer gefangen - und das nicht nur persönlich. Aushilfsweise fuhr sie wenig später Kies, Bauschutt oder Sand, übte sich im Lenken auf glattem, unebenem, schlammigem oder lehmig-glitschigem Untergrund. Sie hatte dann schnell die Prioritäten neu gesetzt: „Bus oder LKW - da würde ich sofort den LKW nehmen."

Sie, die niemals von Männern in deren Domäne behindert wurde, weiß, daß nicht alle Frauen auf soviel Glück, Verständnis oder Akzeptanz treffen. Schließlich hört und trifft sie so manchen: „Ich glaube, das liegt an den Chefs, daß du keine Frauen im LKW siehst. Das Schlimmste, was ich je gehört habe, war: Wir stellen keine Frau ein, weil wir für sie Dusche und Toilette bauen müssen. Das ist doch eine Ausrede." Andrerseits ist ihr bewußt, daß der Alltag auch von ihr Diplomatie und Fingerspitzengefühl abverlangt. Gerade, weil sie Lastwagen beherrscht und sich im Baugewerbe bewegt. „Als Weibchen kannst du da nichts ausrichten", sagt sie, „und es kommt immer darauf an, wie man auf die Männer zugeht. Wer Frauen gegenüber negativ eingestellt ist, das siehst du sofort. Da mußt du den ersten Schritt tun." In solchen Fällen schluckt Reinhilde Braun ihren Ärger über Borniertheit und Machogebaren, gibt sich zurückhaltend und fragt auch mal, was sie längst weiß und kann. Mit dieser Strategie hat sich die Truckerin schon einige Sympathien eingefahren.

Die Berufung von Reinhilde Braun hat auch eine leidenschaftliche Seite: von April bis Oktober ist die kleine Frau auf den Rennstrecken Europas zu finden, mit einem 800-PS-Renntruck, dem Mercedes 1744 S: ein Fahrzeug mehr fürs Wochenende. Weshalb Reinhilde Braun, die für Mann und Tochter Kochen gelernt hat und nur noch gelegentlich für ihren Mann fährt, trotzdem häufiger in Baggern oder Kippsattelschleppern unterwegs ist als in ihrem eigenen schnellen Brummi. Trainiert wird vor den Rennen nämlich nicht. Wo wäre es auch möglich, mit den Ungetümen ungestörte, schnelle Runden zu drehen?

In ihren Race-Truck ist Reinhilde Braun ähnlich zufällig gerutscht, wie in jedes der großen Vehikel. Auf Einladung eines Freundes sah sie am Nürburgring einem Kampf der Giganten zu. Sie schaute zwischen zwei Truckrennen auch im Fahrerlager vorbei und war vollkommen begeistert. „Einmal dabei, immer dabei", weiß sie heute, damals jedenfalls träumte sie laut auf der Heimfahrt: „Das würde ich wohl auch gern machen."

Nicht nur Frank Braun hatte es registriert, einem Freund der Familie, Truckerfreund Karl-Heinz Willmeroth, blieb die neue Leidenschaft der Reinhilde Braun ebenfalls nicht verborgen. Er wußte, wo ein gebrauchter Renner aufzutreiben war, kümmerte sich um die ersten Formalitäten und Starttermine, konnte sogar die ersten Sponsoren auftreiben - und die Truckrace-Szene hatte einen neuen Star. Allerdings einen, der zunächst keine passenden, feuerfesten Sportschuhe fand und deshalb die viel zu großen vorne ausstopfen mußte.

Auf der Rennstrecke sorgte Reinhilde Braun im 800-PS-Gefährt sofort für Aufsehen. Neben ihr startete nur noch die Finnin Minna Kuoppala - allerdings als Vollprofi und in der Superrace-Klasse, wo die Supertonner mit den neuesten technischen Schikanen, mit Automatikgetrieben und stärksten Bremsen ihre Runden drehen. Kein Wunder also, wenn die frisch gebackene Privatfahrerin der niedrigeren Truckrace-Klasse schon nach den ersten vier Rennen 1991 auf Anhieb genügend Sponsoren fand, die ihr künftig das teure Hobby finanzieren würden. „Das schiebe ich auf meine Ausnahmestellung. Meine Kollegen haben es da sicher schwerer als ich", gibt sie offen zu. „Ohne Sponsoring läuft als Privatfahrer gar nichts. Nur wer wirklich in der Spitze mitfährt, findet so schnell Sponsoren wie ich."

Rund zehn Rennen stehen pro Saison auf dem Plan. Für Fahrzeug und Reparaturen, für Reisen quer durch Europa, Fähren, Startgelder und Verpflegung eines - wenn auch kleinen - Teams werden pro Saison leicht über 100.000 Mark fällig. Die Rechnung ist einfach: Wer wenig Geld hat, kann nicht oft starten und selten fahren. Weshalb Reinhilde Braun den Neid von Konkurrenten durchaus nachvollziehen kann, die sich schwerer damit tun, Geldgeber für ihr Steckenpferd zu finden. „Ich bekomme das nicht mit, auf der Strecke ist davon nichts zu spüren", stellt sie klar. „Wenn wir den Helm aufhaben, fragt keiner mehr, ist das ein Mann oder eine Frau."

Vier Saison-Runden hat die kleine Truckerin inzwischen mitgemacht und 1995 unter 19 Teams einen respektablen achten Platz in der europäischen Endwertung eingefahren: „Ich kann nicht mehr so gut werden wie andere, die von Kindesbeinen an im Kart sitzen und sich jedes Jahr die neuesten Motoren leisten können," meint sie realistisch. Dabei sein ist alles. Um Lorbeeren oder Ehren geht es nicht, was zählt, sind Spaß, Stimmung und Gelegenheiten, auf interessante Menschen zu treffen. Zwei Ordner hat sie mit Bildern und Berichten von Rennen und über sich selbst gefüllt. Sie schwärmt davon, daß ihr nach erfolgreichem Rundkurs gelegentlich auch Frauen „auf die Schulter schlagen und das bewundern, was ich mache": noch eine Motivation, weiter durch Europa von Rennstrecke zu Rennstrecke zu touren.

Trotzdem wird sie in Zukunft ihre Starts beschränken. Nicht nur, weil sie im Trommler- und Pfeifercorps ihrer Heimatstadt Konzen bei Monschau die kleine Trommel rühren und mit der Laiengruppe Theater spielen möchte. Vor allem ihrer Tochter wegen will sie sich ein wenig zurücknehmen. Seit Ramona zur Schule geht und die rasende Mama nicht immer begleiten kann, sind die Wettkämpfe und das Drumherum einsamer geworden. Was Ramona betrifft, ist Reinhilde Braun ganz Mutter. Und das liebend gern, trotz der gelebten Widersprüche gegen Konventionen: „Ich hab' richtig Heimweh nach ihr. Privat müßte ich zuviel zurückstecken für die Rennen."

Fahren aus Leidenschaft

Auch in der Sportszene war und ist die Diskussion um das Können weiblicher Rennfahrerinnen eine Auseinandersetzung um die Fähigkeiten der Geschlechter. Die Streitfrage dabei lautet meist: Halten Frauen die psychischen wie physischen Belastungen des Motorsports aus? In vielen Rennklassen haben Sportlerinnen den Beweis längst erbracht, in anderen wiederum sind sie eine Antwort noch schuldig geblieben. Obwohl sie seit den Anfängen des Automobils zum Motorsport gehören, sind Frauen dort nie zur Selbstverständlichkeit geworden: Von 14.000 Profis war 1987 nur jeder hundertste eine Frau. Eine Zahl, die sich bis heute nur unmerklich verändert haben dürfte, wenn auch die Erfolge von Michael Schumacher in der Formel 1 viele Mädchen animiert hat, auf Kartrennbahnen ihr Glück zu versuchen und für eine Karriere auf den Rennstrecken der Welt zu trainieren.

Sex 'n Tempo
Formel-1-Rennen bieten Zuschauern offensichtlich zu wenig. Zum Rennen in Melbourne am 10. März 1996 wurden Eintrittskarten ausgegeben, die dem Besitzer außer dem Rennspektakel noch 20 Prozent Rabatt auf die Artikel einer Sexshopkette gewährten: So kriegt mann auch die Kurve.

Der weibliche Nachwuchs wird schnell jedoch mit einer Tatsache konfrontiert, der er sich früher oder später unweigerlich stellen muß: dem ewigen Rechtfertigungszwang gegenüber Journalisten, Managern, möglichen Sponsoren, Bekannten und Freunden. Zudem werden die

Frauen es relativ bald zu spüren bekommen, daß sie auch im Motorsport den Männern hinterherfahren - wenn es um Geld, Startmöglichkeiten und Chancen geht. Frauen werden beileibe nicht in dem Maße gefördert, wie es bei männlichen Fahrern der Fall ist.

Zwar äußerte Bernie Ecclestone, Ausrichter und Organisator des Formel 1-Zirkus, vor Jahren die Überzeugung: Für einen noch größeren Erfolg der Formel 1 und des Motorsports fehle ihm ein Deutscher (den hat er inzwischen), ein Schwarzer und eine Frau.

Als erste Motorsportlerin gilt die Französin Camille du Gast. 1903 - in den Zeitungen wurde Rennfahrerinnen „weibliche Zerstreutheit" und ein „Mangel der Frauen an Kaltblütigkeit" unterstellt - meldete sie sich in der Kategorie schwerer Wagen für das Langstreckenrennen Paris-Madrid an. Den Lauf beendete sie als eine der letzten, als 45., obwohl sie anfangs im Spitzenfeld mitgefahren war. Hilfsbereitschaft siegte bei Camille du Gast über den Ehrgeiz zu gewinnen: Sie machte einen Umweg, brachte einen verletzten Fahrer in Sicherheit und blieb stundenlang bei ihm, bis sie ihn gut versorgt wußte. Daß der Unfall geschah, weil der Fahrer der Frau imponieren wollte und damit seine Fähigkeiten überschätzte, übersah die wackere Fahrerin fairerweise. Sie sah auch darüber hinweg, daß nach der Rettungsaktion das restliche Teilnehmerfeld längst über alle Berge verschwunden war. Mitmachen war eben alles.

Den gesellschaftlichen Normen zum Trotz fuhren neben Camille du Gast noch viele andere Frauen in den Anfangsjahren dieses Jahrhunderts auf Sieg. Zwar war der Rennsport damals die Leidenschaft ganzer Familien, und die Renn- oder Rallyestrecken avancierten zum beliebten Ziel von Sonn- und Feiertagsausflügen. Doch in Fahrerkreisen blieb man weitgehend unter sich: Leisten konnten sich diese Freizeitbeschäftigung nur die Reichen. Vielleicht wurde den Frauen dieser Schicht ein Hang zum Luxus, zur Dekadenz und daher auch zum Motorsport leichter nachgesehen. Das dafür nötige Kleingeld verhinderte schließlich von selbst, daß Frauen auf den Pisten zur Regel wurden.

In den zwanziger Jahren entwickelte sich neben den Langstrecken- und Schnelligkeitswettbewerben noch eine weitere Disziplin. Sie erschien vielen Zeitgenossen den weiblichen Fähigkeiten angemessener zu sein: Schönheitskonkurrenzen kamen in Mode, während derer sich hübsch gekleidete Frauen mit ihren glänzend herausgeputzten und mit Girlanden oder Blumen geschmückten Autos präsentierten. Dabei ging es jedoch nicht um Können oder

eine körperliche Herausforderung, die Leistungen wurden mit Äußerlichkeiten erbracht: mit Eleganz, Ge-
schmack, Schönheit und of-
fensichtlichen Reizen. Ganze Heerscharen von Damen
nahmen an diesen Konkur-
renzen teil, auch Prominenz
aus Theater, Film und Mode
ließ sich gern am Rand der
Rennbahn blicken. Seitens
der Veranstalter wurden diese Wettbewerbe wohl auch
deshalb organisiert, um den
Frauen endlich einen ihnen
gebührenden Platz im Mo-

torsport zuzuweisen. Ein Anliegen, das in den folgenden
Jahrzehnten dazu führte, daß Weiblichkeit auf den Rennstrecken und Autoschauen der Welt zur Dekoration ver-
kam.

Zu Anfang des Jahrhunderts wie auch später in den
konservativen fünfziger Jahren mußte eine Frau viele
Kämpfe ausstehen, um für ernsthafte Ambitionen im Motorsport die nötige finanzielle oder technische Unterstützung zu finden. Das hat sich mittlerweile gebessert. Denn
mit dem steigenden Interesse der Frauen am Auto sucht
die Industrie nach Identifikationsfiguren für ihre weibliche Klientel: im Motorsport ebenso wie in anderen gesellschaftlichen Bereichen. Ob allerdings Ellen Lohr oder Isolde Holderied und die anderen Rennfahrerinnen wirklich
Zuschauerinnen auf die Ränge und Käuferinnen in die Autohäuser bringen, ist eher fraglich. Ein Großteil der Frauen
kann dem Motorsport nur wenig abgewinnen.

Die Unterstützung einer Rennfahrerin ist zwischenzeitlich für Sponsoren durchaus eine sichere Investition
geworden. Weil Frauen noch immer etwas Besonderes auf
den Rennbahnen sind, daher mehr Aufsehen in den Medi-
en erregen, bringen sie effizienter und nachhaltiger die
Marken ins Gespräch, deren Embleme sie auf Overall,
Helm, Kappe tragen oder auf ihrem Auto kleben haben.

Die ersten Schritte muß eine Fahrerin meist gegen
große Widerstände tun. Sponsorengelder bekommt sie erst
dann, wenn die ersten Rennen erfolgreich ausgefochten
und die ersten Siege erzielt wurden. „Wo wird der weibliche Nachwuchs denn gefördert?" fragt etwa Silka Fritzinger kritisch. „Ein Michael Schumacher wird auf den Kart-

bahnen entdeckt. Da fahren inzwischen genügend gute Mädchen rum, doch die werden kaum beachtet." Normalerweise ist Kart der erste Berührungspunkt zum Motorsport. An den Flitzern, die aussehen wie Spielzeugfahrzeuge mit Motor, finden Mädchen genauso viel Spaß wie Jungen. Doch werden sie in ihrem Hobby meist gebremst: durch fehlendes Verständnis von Trainern und Eltern. Nur selten zahlen diese für das zugegeben teure Hobby oder machen den Mädchen Mut. Die meisten der heute bekannten Fahrerinnen kommen deshalb aus Familien, die der Tochter keine typisch weibliche Erziehung angedeihen ließen oder in denen ein Elternteil - meist der Vater - motorsportlich gesehen vorbelastet war und es folglich keine Berührungsängste mit dem ungewohnten Sport gab.

Meistens aber kommen Rennfahrerinnen durch Zufall zu ihrem Sport oder werden von ihrem Freund oder Männern animiert, bei Rennen oder Rallyes mitzumachen. Wobei für Rallyes, Prüfungsfahrten in unterschiedlichstem Gelände, Erfahrungen im Kart nicht unbedingt zwingend sind und eine erfolgversprechende Karriere noch Jahre später ihren Anfang nehmen kann.

Vergleichbar ist die Situation in den nächsthöheren Renn-Klassen der Formel 3, 3000 oder 5000: Wenn sie diese Stufe erreichen, sind die jungen Talente schon in einem Alter, in dem der kleine Unterschied zum Tragen kommt und von Trainern ausgenutzt wird. Ellen Lohr erinnert sich nur ungern an diese Zeit: „Früher, in der Formel 3, war's viel schlimmer. Damals heizten die Teamchefs ihre Jungs noch mit den Worten an: ‚Wie kannst du dich von einer Frau überholen lassen‘," meint sie 1992 in einem Interview. Kein Wunder also, wenn es nach solchen Trainingsmethoden Männern peinlich ist, wenn eine Frau schneller und besser fährt als sie. „Wenn eine Frau wirklich schnell fährt, dann ist sie keine Frau mehr", mit diesen Worten wertete Sportfahrer Manfred Winkelhock 1980 die guten Ergebnisse von Frauen ab.

Eine häufig benutzte Rhetorik: Um sich vor unliebsamer Konkurrenz des angeblich schwachen Geschlechts zu schützen, kritisieren Fahrer nicht deren Leistung, sondern stellen gleich die Persönlichkeit bzw. die Weiblichkeit in Frage. Eine Frau, die ein Auto beherrscht und sich Rollenerwartungen nicht fügt, wird aus Enttäuschung dann schnell zum Mannweib erklärt. Kein Wunder, wenn sich Rennfahrerinnen während ihrer aktiven Zeit ein dickes Fell zulegen müssen, um sich von solch zynischen Bemerkungen nicht irritieren zu lassen.

62

Man glaube nicht, daß Winkelhock eine Ausnahme in Sachen falsch verstandener Männlichkeit darstellte und die Zeit der Macho-Attitüden längst vorbei ist. Der alte Freud läßt immer wieder grüßen. Auch Walther Röhrl gab während seiner Rallye-Karriere einige Male zu, es sei ihm peinlich, im Rennen von einer Frau besiegt zu werden. So manche Fahrerin muß sich überdies auch heute noch nach einem gelungenen, schnellen Rennen anfahren lassen, warum sie sich in Engpässen oder Kurven die Vorfahrt erkämpfte und diese nicht einfach dem (männlichen) Nachfolger gewährte.

Wo Frauen die sportlichen Erfolge der Männer gefährden, findet - näher betrachtet - auch das Engagement der Sponsoren seine natürliche Grenze. Die Technik, die Rennfahrerinnen zur Verfügung gestellt wird, ist meist schlechter als die ihrer männlichen Konkurrenten im Team. Die Summen, die Sponsoren bereitstellen, sind niedriger. „Die Vorbehalte gegenüber Frauen sind größer, vor allem in den

höheren Rennklassen, wo das Material teurer wird und die Firmen großes Vertrauen in den Fahrer setzen müssen," meint beispielsweise Isolde Holderied, die seit 1987 Rallye und seit 1993 als Profi fährt. „Eine Frau im Motorsport darf sich keinen Schnitzer erlauben. Naja, sie steht eben auch mehr im Mittelpunkt, da fallen Fehler stärker auf."

Sie selbst verschaffte sich Respekt in den durchweg männlichen Techniker-Teams, indem sie Testfahrten und Reifenprüfungen, nach denen später in den Wertungen Motor und Reifenbelag abgestimmt werden, generell selbst fuhr und gründlich überlegte, wie die Eigenschaften des Fahrzeugs zu bewerten waren. Ein falsches Wort, eine ungenaue Erklärung - das war ihr bewußt - hätte sie weit zurückgeworfen im Urteil ihres Rennteams. „Am Anfang darf man dabei als Frau keine falschen Aussagen machen, sonst ist man untendurch", sagt sie.

In ihrem Fall kommt erschwerend hinzu: Zur Rallye melden nur wenige deutsche Autofirmen Teams an, konkurrenzfähige, gute Autos stellen vor allem die japanischen Firmen. Doch dort sind die Vorbehalte Rennfahrerinnen gegenüber erheblich größer. Folge: Jahrelang nahm Isolde Holeried an großen Konkurrenzen erfolgreich teil, fuhr in den niedrigeren Klassen immer ganz vorne mit - und brauchte trotzdem jahrelang, um ein technisch verbessertes, aufgerüstetes Auto zu bekommen, mit dem sie auch in der höchsten Rallyeklasse, der Gruppe A, konkurrenzfähig war.

Vergleichbar ist die Erfahrung von Giovanna Amati, die als bisher letzte Fahrerin in der Formel 1 startete: „Motorentuner John Nicholson hat mir nie einen guten Motor gegeben, nie", meinte sie 1992 in einem Interview. Und: „Während andere Fahrer ganze Chassis gratis erhielten, gaben sie mir nicht einmal ein Aufhängungsteil umsonst." Die Italienerin hatte Glück: Ein millionenschwerer Vater konnte bezahlen, was ihr von anderen verwehrt wurde. In ihrem Fall bezweifeln Kritiker das Leistungsvermögen. Für sie war Giovanna Amati nicht gut genug, um unterstützt zu werden. Mit diesem Argument wird noch immer jede Kritik an der mangelnden Bereitschaft, Frauen zu fördern, untergraben.

Auf den Rennstrecken selbst sind die Reaktionen unterschiedlich. Immer noch gibt es männliche Kollegen, die gegen eine Frau nicht verlieren können. Oder die neidisch Journalistentrauben registrieren. Dabei ist den Kolleginnen der Rummel um ihre Person eher lästig, und sie würden es lieber sehen, wenn die Aufmerksamkeit dem Können und nicht dem Geschlecht gelten würde.

Daß es den meisten Journalisten nicht um ihre sportliche Leistung geht, zeigt sich in solchen Bezeichnungen wie „Rennamazone" oder „schnellste Frau", in Eigenschaften wie „flott" und „rasant" oder aber in Bildern wie „die zeigt's den Jungs". Ausdrucksweisen, die von uralten Vorurteilen diktiert werden und für die es keine Entsprechungen für männliche Fahrer gibt. Frauen fahren, um ihr Leistungsvermögen zu zeigen und eben nicht, um einen Kampf zwischen den Geschlechtern zu führen.

Die rote Flagge für den Abbruch eines Interviews würden die meisten Fahrerinnen gern heben, wenn sie nach dem „Warum" ihres Hobbys oder ihres Berufes, nach ihren Kochkünsten und dem Zustand ihres Haushaltes oder ihres Aussehens gefragt werden. Für einen Fahrer, selbst wenn er tatsächlich Hobbykoch wäre, wird dies nie zum Thema. Ein Teufelskreis öffnet sich: Antworten Motorsportlerinnen auf die ewig selben Fragen nicht oder zeigen sie deutlich ihren Unmut, dann werden sie schnell als „spröde", „zickig", „schroff" oder „unfreundlich" abgestempelt. Setzen sie sich aber mit dem Interviewer auseinander und antworten ehrlich, müssen sie Konflikte unter Kollegen und Konkurrentinnen befürchten. Im Fahrerlager wird ihnen dann vorgeworfen, sich bei den Medien und damit bei den Sponsoren anzubiedern. Urteile wie „nur schön", „nur weiblich", „naiv" sind dann schnell gefällt, und der Ruf ist nachhaltig geschädigt.

Attraktivität und Erfolg einer Motorsportlerin gehören im Meinungsbild nicht zusammen. Eine Norm, die bei so mancher Rennfahrerin zur Schere im Kopf geführt hat. Gibt sich eine der Kolleginnen durch Kleidung, Schminke oder Gesten besonders fraulich, dann heißt es unter Kolleginnen oft, sie leiste auf der Rennstrecke wenig, mache sich dort nie die Hände schmutzig und schade mit ihrem Verhalten dem Ruf der Sportlerinnen. Zuweilen wird dann gemunkelt, frau habe sich mit ihren Reizen die Position im Team ergattert. Ein Argument, das hübsche und erfolgreiche Frauen in Männerberufen zur Genüge kennen. „Wirklich anerkannt wird man als Frau am Steuer erst dann, wenn den Männern klar wird: Wir kommen nicht deshalb zum Motorsport, weil es zum Fotomodell nicht gereicht hat, sondern, weil es uns ganz einfach Spaß macht - wie den Männern", meinte die schwedische Rallyefahrerin Susanne Kottulinsky (Frau und Auto, 1988).

Es gibt, dem Himmel sei Dank, auch andere Reaktionen an der Bande: Niki Lauda und Gerhard Berger, beide erfolgreich in der Formel 1, oder Christian Danner akzeptierten es ohne Neid, wenn Frauen besser fuhren als sie. Ähnlich ein Urteil von Rennstallbesitzer Max Mosley, das er in den fünfziger Jahren seiner Fahrerin Lella Lombardi ausstellte. In Zeiten, als die Zeitungen Rennfahrerinnen noch auf „Männerjagd" wähnten, stellte er schon fest: „Wie Mann und Frau auf Gefahren reagieren, ihre Angstgefühle - da ist kein Unterschied. Der einzige: Lella fährt sich auf jeder Strecke langsam ein. Aber das ist ihr Fahrstil und hat damit, daß sie eine Frau ist, nichts zu tun." (Prüller, 1975) Er war sich bewußt, daß nicht alle so liberal reagierten auf die Frau am Steuer: „Wenn sie Männer schlägt, ist das amüsant", meinte er ironisch. „Wenn sie am Start vor Männern steht, rechnen sich diese aus, wie gut der March (der Name des Rennstalls und des Fahrzeugs, d. Verf.) ist. Denn, daß eine Frau besser Auto fährt als ein Mann, wollen Männer nicht zugeben."

In Sachen Formel 1 allerdings scheiden sich auch heute noch die Geister: und zwar die von Frauen und Männern. In die höchste Klasse des Motorsports sind selten Frauen eingedrungen. In jüngster Zeit hat keine mehr an einem Grand Prix teilgenommen. Es ist daher fraglich, ob Frauen den enormen Luftwiderstand beim Fahren oder die hohen Fliehkräfte in den Kurven, die schnellste Geschwindigkeiten auf Kopf und Nacken des Fahrers ausüben, aushalten können. Eine Generationenfrage überdies: Ältere Fahrerinnen, wie Michèle Mouton oder Lili Reisenbichler, die in den siebziger Jahren erfolgreich waren, sprachen meist dagegen. „Ich bin jedoch der Meinung," meinte beispielsweise Lili Reisenbichler, „daß uns Frauen im Motorsport nach oben Grenzen gesetzt sind. Ich kann mir kaum vorstellen, daß eine Frau sich in der Formel 1 erfolgreich behaupten kann. Hierbei unterscheidet sich ganz einfach die Frau vom Mann und das ist meiner Meinung auch gut so." (Frau und Auto, 1988)

Als weiteres Gegenargument wird die angeblich größere weibliche Vorsicht vor Gefahren angeführt. Die führe dazu, daß Fahrerinnen auf Sicherheit fahren und dem Risiko beim Überholen oder in Kurven aus dem Weg gehen. Hintergrund dieses Standpunktes: Während der Rennen auf Rundkursen, wo es vor allem um Geschwindigkeit und Technik geht und jeder gegen jeden fährt, werden ganz andere Fähigkeiten eines Fahrers beansprucht als bei Rallyes und Wertungsprüfungen im Gelände. Dort fährt man, zumindest in den höheren Klassen, zeitversetzt los, hat einen Beifahrer zur Seite, es geht zwar auch um Tempo, mehr noch zählen die Fahrkünste auf schwierigen Fahrbahnen und Untergründen.

Von beiden Argumenten wollen jüngere Fahrerinnen nichts mehr wissen. Sie verweisen auf die oft zierlichen Rennfahrer, die Möglichkeiten von Krafttraining und darauf, daß Bärenkräfte heute im Motorsport nicht mehr notwendig sind. Wichtig sei Kondition, um die hohen Hitzegrade im Fahrzeug während der oft stundenlangen Rennen auszuhalten und um trotzdem mit voller Konzentration fahren zu können. Sie begründen schließlich das Fehlen der Frauen in der höchsten und teuersten Motorsport-Klasse mit fehlenden Chancen bei Ausbildung oder Trainings.

Ob Frau oder Mann - die Liebe zum Motorsport wird vor allem vom Nervenkitzel der Geschwindigkeit getragen. Hinzu kommt die Herausforderung des eigenen Könnens und das Beherrschen von Technik, die sich in diesen Bereichen oft als launisch, zerbrechlich und sehr sensibel zeigt. „Es macht mir Freude, ein hochtechnisches Gerät mit Hilfe meiner Konzentration und körperlichen Ausdauer in seinem Grenzbereich zu bewegen," sagte Mercedes Stermitz, Rennfahrerin aus Österreich, zu ihrem Hobby (Frau und Auto, 1988). Welche Gründe sie auch immer dafür haben: Jede Rennfahrerin fährt auf Sieg. Daß mangels Konkurrenz die Damenpokale nichts zählen, ist verständlich. Jede Fahrerin kann sie gewinnen, auch wenn sie durchschnittlich steuert. Sportsgeist lebt vom Wunsch, sich mit anderen zu messen und sich durch Leistung von ihnen abzuheben.

Elisabeth Junek

„Das Rennfahren hat meinem Leben über die Maßen viel gegeben", resümierte die alte Dame des Motorsports. Triumph und Leid lagen im Laufe ihrer kurzen Karriere nahe beieinander: Nach dem Tod ihres Mannes Cenek,

ebenfalls Rennfahrer aus Leidenschaft, fuhr Elisabeth Junek trotz ihrer vielbeachteten Erfolge nach 1928 kein weiteres Rennen mehr.

Der Name des „schnellsten Ehepaars", wie die Juneks in den zwanziger Jahren gern auf den Rennstrecken Europas bezeichnet wurden, ist untrennbar mit dem Namen Bugatti verbunden. Aus Molsheim im Elsaß, direkt aus der Werkstatt des Konstrukteurs Ettore Bugatti, bezogen die beiden ihre Rennwagen. Wie viele Motorsportler starteten sie damals als sogenannte Privatfahrer: sie kamen selbst für die Kosten von Mechanikern, Wagen und Ersatzteilen auf. Motorsport war schon in den zwanziger Jahren ein sehr teures Vergnügen, selbst die vertretenen Marken leisteten sich nicht alle Werksmannschaften. Die Juneks konnten ihren Zeitvertreib finanzieren, weil Cenek Junek in Prag als Bankier sehr erfolgreich war.

Alte Fotografien von Elisabeth Junek zeigen eine zierliche Frau - meistens lachend, oft in Lederhandschuhen im

Motor ihres Wagens hantierend. Eine Frau zudem, die offenbar genau wußte, was sie wollte: „Mir geht es eigentlich nur darum, festzuhalten", schreibt sie in ihren Memoiren (Junek, 1990), „daß eine Frau durchaus, auch ohne Kraftleistung, ein ebenbürtiger Gegner sein kann, wenn sie ihre eigene Methode entwickelt und diese nach ihren Möglichkeiten einsetzt." Das ist ihr gelungen: Ein eigener Fahrstil und gründliche Vorbereitungen der Kurse wurden zum persönlichen Erfolgsrezept der Rennfahrerin.

Im Grunde war es nur der Zufall, oder besser die Liebe, die Elisabeth Junek zum Motorsport brachte. 1916, als 16jährige, lernte die vielseitig interessierte und sprachbegabte Angestellte ihren späteren Mann kennen. Der damals 22jährige leitete die Bank, in der sie beschäftigt war. Zwar ertrotzte sie sich vor der Hochzeit vom Vater und vom Bräutigam die Erlaubnis einer Reise, die sie über ein Jahr lang allein durch Frankreich und die Schweiz führte. Danach ordnete sie sich wie üblich ihrem Mann unter. Sie hatte erkannt, „wenn du an seiner Seite leben willst, muß du mit deinem Körper und deiner Seele dieselben Interessen verfolgen". Diese galten dem Auto und dem Rennsport. In aller Heimlichkeit meldete sich Elisabeth Junek zum Fahrunterricht an. „Ich übte mich nicht im Kunstfahren, ich wollte nur möglichst bald sicher und selbständig fahren. Mir war klar, daß einem Mann ein Unfall nicht als großes Unglück ausgelegt würde, aber mich würde man fragen, warum ich überhaupt so irrsinnige Dinge täte", sagte sie dazu. Nebenbei begleitete sie ihren Mann zu seinen ersten Rennen und feierte mit ihm die ersten Siege.

1923 wurde sie von ihrem Mann für das Rennen von Zbraslav-Jíloviŝté als Beifahrer angemeldet: Elisabeth war berauscht von der Geschwindigkeit (etwa 140 Stundenkilometer) und wurde angesteckt vom Rennfieber. Im Folgejahr sitzt sie dann selbst hinterm Steuer ihres „blauen Blitzes": „Gleichzeitig wußte ich, daß ich nicht nur meine Ehre zu verteidigen hatte, sondern auch gegen ein prähistorisches Vorurteil über Frauen im Sport kämpfte." Daß sie schon im ersten Rennen, Ecce Homo in der Tschechoslowakei, den Sieg in der Tourenklasse davontrug, brachte ihr zwar Anerkennung. Allerdings wurde der Triumph nur als „galanter Zufall" gewertet. Erst im Folgejahr, nachdem Elisabeth auch ihren Mann geschlagen hatte, und das sogar in einem technisch schwächeren Fahrzeug, wurde die Tschechin als Fahrerin ernstgenommen.

Ihren größten Erfolg feierte sie als erste (und vorerst letzte) Siegerin eines Grand Prix auf dem Nürburgring. Als größten, persönlichen Triumph nannte Elisabeth Junek zeit ihres Lebens jedoch den fünften Platz beim Targa Florio, einem kurvigen, steilen Rundkurs in den Bergen Siziliens, der damals von den Fahrern alle Kraft und Geschicklichkeit einforderte. Schließlich waren die Wagen der damaligen Zeit kaum gefedert und technisch sehr anfällig, und es gab keine Servolenkung. Hinterm Steuer zu sitzen, war deshalb ein Kraftakt, der auf der langen Schotterbahn (die 108 Kilometer lange Strecke wurde fünf Mal gefahren) nicht selten mit blutigen, wundgescheuerten Händen und starken Muskelzerrungen endete. Die zarte Rennfahrerin mußte - so ihre Einschätzung - mit Köpfchen fahren, wollte sie das Rennen bestehen.

Während des Wochen dauernden Trainings hatte sie sich die gesamte Strecke mit allen Gefahren und Kurven zuerst aufgezeichnet, dann Fotos von Kurven und brenzligen Abschnitten angefertigt und ausprobiert, wie sie wo fahren mußte. So entstand eine ausgeklügelte Fahrstrategie für den Targa Florio. In einem Brief an ihren Mann, der sie von Prag aus per Telefon und Telegramm beriet, machte sie die Unterschiede zwischen ihrer Fahrweise und der des Fahrers Giuseppe Campari deutlich. Sie beschrieb die riskante Fahrweise des Italieners, der dafür die volle Muskelkraft benötigte, und zog für sich folgendes Fazit: „Mädel, mit solchen Kerlen kannst du nicht wetten und du willst es auch gar nicht. Den schleudernden Wagen bei dieser Geschwindigkeit aus der Kurve ziehen - dazu braucht man wirklich starke Männerarme. Du bleibst besser bei deinem Stil, den du dieses Jahr im Training verbessert hast und der viel an physischer Kraft spart."

Dank ihres wohlüberlegten Trainings setzte sich die Privatfahrerin Elisabeth Junek schon in der zweiten Runde des Targa Florio nach vorn. Danach holte sie sogar die Zeit wieder ein, die sie in der Box gegenüber den technisch überlegenen Werkteams verlor. Einige männliche Renn-Stars ließ sie weit hinter sich. Die Tschechin beendete das Rennen aufgrund technischer Probleme auf dem fünften Rang. Eine echte Meisterleistung, deren Ergebnis noch mehr wiegt, wenn man bedenkt, daß der Fahrerin in einer Kurve bewußt Steine in den Weg gelegt worden waren. Doch das sollte sie erst Monate später erfahren.

Im Sommer 1928, nach dem Unfalltod ihres Mannes auf dem Nürburgring, beendete Elisabeth Junek ihre Karriere als aktive Fahrerin. Es gab damals Stimmen, die be-

Die größten Erfolge
Elisabeth Junek wird am 16. November 1900 in Olmütz geboren. 1924 erster Start und Sieg in der Tourenklasse bei Lochotin/Pilsen. 1927: Erste im Rennen von Brünn, im Großen Preis von Deutschland auf dem Nürburgring, im Coupe de Dames und im Coupe de Salon, beide in Montlhéry bei Paris. 1928: Erste Privatfahrerin beim Targa Florio und Fünfte in der Gesamtwertung.

haupteten, Cenek Junek habe versucht, bei seinem letzten Rennen aus dem Schatten seiner erfolgreicheren Ehefrau herauszufahren, wäre deswegen zu riskant und zu schnell gefahren.

Elisabeth Junek hat nie versucht, diese Frage zu klären. Sie widmete sich nach jenem schicksalhaften 15. Juni ausschließlich als Funktionärin dem Motorsport. Zuvor allerdings verwirklichte sich die Trauernde einen Jugendtraum: Zunächst per Schiff, danach in einem Bugatti durchquerte sie Indien und besuchte Ceylon - eine ungewöhnliche Reise für eine Frau dieser Zeit. Erst nach dem Zweiten Weltkrieg setzte eine erneute Würdigung der sportlichen Leistungen von Elisabeth Junek ein: Sportler und Trainer begannen, die Technik ihrer Streckenbearbeitung (Zeichnungen, Notizen und Anmerkungen) aufzuarbeiten. Die sogenannten „Gebetbücher" im Rallyesport entstanden. Elisabeth Junek lebte bis zu ihrem Tod im Januar 1994 in Prag.

Michèle Mouton

Die Strategie, mit der Elisabeth Junek auf Sieg fuhr, ist die Geburtsstunde der Gebetbücher im Rallyesport. Entstanden auf unzähligen Trainingsfahrten, instruiert damit der Beifahrer den Fahrer, in welchem Winkel Kurven zu nehmen sind, mit welchem Straßenbelag zu rechnen ist und wann geschaltet oder gebremst werden muß. Nach Elisabeth Junek dauerte es lange, bis sich wieder eine Frau an der Spitze des Rennsports etablieren konnte. Als „schnellste Frau Europas" wurde in den fünfziger Jahren die Belgierin Gilberte Thirion bekannt. Sie gewann in Mercedes oder Porsche vor allem Bergrennen, unter anderem die Coppa Luisa Rezzonico (Como), und wurde bei der Mille Miglia Zweite. Zur großen Enttäuschung von Gilberte Thirion durften in diesen Jahren bei den 24 Stunden von Le Mans, ein Kurs, den sie zu gern gefahren wäre, keine Frauen starten. Obwohl vor dem Krieg eine junge Französin, Yvonne Simon, bewiesen hatte, daß auch Rennfahrerinnen diesen Kurs bewältigten.

Als Motorsportlerin berühmt wurde auch die Schwedin Ewy Rosquwist, die in den frühen sechziger Jahren für

Mercedes Rallyes fuhr. Oder Pat Moss-Carlson, eine Engländerin, die sich auf den Rennstrecken der Welt mit ihrem Bruder, Sterling Moss, maß. Später, Mitte der siebziger Jahre, betrat die Französin Michèle Mouton die Rallyeszene.

Ein Auftritt, der allerdings nicht immer Begeisterung auslöste - trotz der vielen Erfolge und Siege, die die französische Fahrerin in ihrer 13 Jahre währenden Karriere einfuhr. Vor allem die sportliche Konkurrenz zwischen Michèle Mouton und Walter Röhrl - der Anfang der achtziger Jahre ebenfalls auf dem Höhepunkt seiner sportlichen Leistungen war - gab Anlaß für viel Gerede. Oft wurden die Stellungnahmen beider verzerrt überliefert. Die Öffentlichkeit sah hinter der sportlichen Konkurrenz etwas ganz anderes: den Kampf der Geschlechter auf der Rallye-Piste.

Für die Fahrerin war das belastend, schließlich wurde sie in jedem Interview auf das Reizthema angesprochen. Dabei war es anfangs auch ihr Anliegen zu zeigen, was Frauen können: „Ich will beweisen, daß auch eine Frau Außergewöhnliches leisten kann", meinte Michèle Mouton in einem Interview, nachdem sie 1981 zur Werksfahrerin für Audi avanciert war. Eine Ernennung übrigens, die nur zum Teil auf ihren vorherigen Erfolgen beruhte und die in der Szene mit einiger Überraschung aufgenommen wurde. Fast jeder hatte damit gerechnet, daß Walter Röhrl von Opel zu Audi wechseln würde. Aber: „Wenn Walter Röhrl gewinnt, interessiert sich kein Mensch für sein Auto", gab Wolfgang Habbel, damaliger Vorstand von Audi, die eigentlichen Beweggründe dieser Entscheidung kund. „Aber wenn Michèle siegt, will jeder

71

wissen, auf welchem Wagen sie Walter Röhrl geschlagen hat" (Gatermann, 1983).

Mit der für die Rallyewelt exotischen Frau und der qua ihres Geschlechts langsameren Fahrerin - so der Plan - sollte der neue Audi Quattro ins rechte Licht gerückt werden. Eine Rechnung, die zumindest für das Unternehmen aufging. Der Wagen wurde Gesprächsthema und Verkaufserfolg, die Fahrerin aber wurde nachhaltig abgewertet. Auf Anhieb gewann sie als erste Frau einen Weltmeisterschaftslauf. Einen Triumph, den Walter Röhrl nur schwer verdaute und so kommentierte: „Auf das Auto kann man einen dressierten Affen setzen, der gewinnt auch" (Gatermann, 1983).

In den folgenden Monaten begründete er weiterhin den Erfolg der Mouton nicht mit deren Können, sondern ausschließlich mit der Technik - was die Audi-Verantwortlichen natürlich gern hörten. Erst später, als Michèle Mouton nicht mehr zu seiner größten Konkurrenz zählte, konnte er zugeben, ihm sei es peinlich gewesen, von einer Frau überholt zu werden.

Die größten Erfolge

Michèle Mouton wird am 23. Juni 1951 in Grasse geboren. 1974/75: Französische Rallyemeisterin. 1977: Rallye-Europameisterin. 1981: Als erste Frau gewinnt sie einen Lauf zur Rallye-Weltmeisterschaft in San Remo. 1982: Vize-Weltmeisterin. 1985: Streckenrekord beim Bergrennen auf dem Pikes Peak (USA). 1986: Deutsche Meisterin der Rallye.

Michèle Mouton hat sich in dieser Diskussion mit Kommentaren oder Entgegnungen zurückgehalten. Möglicher Enttäuschung über die unfaire und unsportliche Kritik hat sie niemals Ausdruck gegeben, dafür sprach sie über ihre Beweggründe, beim Motorsport mitzutun. Technik spielte dabei eine nur untergeordnete Rolle: „Für Autos hab' ich, ehrlich gesagt, eigentlich gar nicht so viel übrig." Wichtiger war ihr die Herausforderung, Schwierigkeiten zu meistern und dafür aufs Ganze gehen zu müssen.

Sie erlebte während der Wüsten-Rallyes oft, wie männliche Kollegen vor den körperlichen Belastungen, den Temperaturen und den Fahrproblemen kapitulierten, und sie war auch der Auffassung, Frauen setze der Motorsport Grenzen. Wo es weniger um Geschicklichkeit und Sensibilität ginge und mehr um Risikobereitschaft, hätten Frauen aufgrund ihrer Mütterlichkeit und dem Trieb, Leben erhalten zu wollen, sportliche Nachteile: „Dies jedoch als weibliche Schwäche zu sehen, bringt mich auf die Palme. Es ist schön und natürlich," meinte sie dazu.

Michèle Mouton begann ihre Karriere 1973. Ihre Erziehung schildert sie als offen und liberal: „Keiner hat mich in die Mädchenrolle gedrängt. Wenn ich genauso wie alle Buben in den Bäumen herumturnte, fand meine Familie das okay." Mit den Frauen-Meisterschaftstiteln der folgenden Jahre konnte die Französin nur wenig anfangen: „Alle diese Titel bedeuten nichts, da es keinen Vergleich mit anderen Frauen gibt. Für mich persönlich zählt wesentlich mehr, wenn ich bei der Rallye Monte Carlo Siebte werde, hinter den schnellsten Männern der Welt" (Häring, 1986). Ihres Temperaments und ihrer Impulsivität wegen ging die Französin als „schwarzer Vulkan" in die Rennsportannalen ein. Eine Bezeichnung, die sie passabel fand und regelmäßig spontan bestätigte.

1986 beendete sie abrupt ihre Karriere. Erst einige Monate später, mit der Geburt ihrer Tochter Jessica, wurde der Grund bekannt. Eine Wiederauflage ihrer Erfolge hat Michèle Mouton nie geplant. Die Begründung: „Rallye-Fahren ist nur eine Form von Konkurrenzkampf im Leben." (Häring, 1986)

Silka Fritzinger

Vielleicht liegt das Rallyefahren Fahrerinnen mehr als die Rundkurse der Formel. Sicher ist, daß in dieser Sportart nach Michèle Mouton immer wieder Frauen auf den Siegertreppchen standen. In den letzten Jahren sorgt Isolde Holderied aus Bayern für positive Schlagzeilen. Für 1996 hat sich die ehemalige Anwaltsgehilfin die Deutsche Meisterschaft vorgenommen. Die Chancen stehen nicht schlecht, seit sie mit ihrer Beifahrerin einen Toyota Celica GT Four, einem 300 PS-starken Wagen, durch die kniffligen Wettkämpfe lenkt. Ihr Fernziel ist die Weltmeisterschaft, aber: „Dazu muß ich erst die Chance kriegen, mehrere Jahre auf einem guten Auto die Weltmeisterschaften mitzufahren," sagt sie.

Bei Rallyes, die meist mehrere Tage dauern, und für die in unterschiedlichsten Geländeformen und in unterschiedlichsten Witterungsverhältnissen Wertungsprüfungen über Distanzen zwischen acht und 23 Kilometern stattfinden, sind neben Tempomachen auch Fahrkünste, eine gute Strategie und ein kühler Kopf gefragt. Die guten Fahrer und Profis starten dabei im Minuten-Takt hintereinander. Anders dagegen bei den Cross-Country-Rallyes, deren Wertungsprüfungen erstens über Entfernungen zwischen 100 und 700 Kilometern und meist im Ausland stattfinden. Hier starten neben den Profis auch viele Fahrer, die auf eigene Faust Wettbewerbe bestreiten. Ein zugegeben teures wie auch aus ökologischen Gründen umstrittenes Hobby.

Wer in dieser Gruppe Glück und die nötigen Kontakte hat, außerdem entsprechende Leistungen zeigt, kann in den Genuß von Förderungen durch Autounternehmen oder Zubehör- und Tuningfirmen kommen. Trotzdem wird auch in diesem Fall ein großer Teil aus dem eigenen Portemonnaie finanziert. Die Fahrer und Fahrerinnen müssen auf den langen Wertungsstrecken selbst anpacken. Sie führen oft in den Nächten vor dem Start letzte Reparaturen selbst aus und behalten während einer Rallye sicher keine sauberen Hände.

Silka Fritzinger war bis vor kurzem eine der Privatfahrerinnen unserer Tage, doch 1995 ging ihr endgültig das Geld aus für ein Rallyefahrzeug, Reisen, Startgebühren und Ersatzteile: „Die Bank hat mir endgültig die Rote Karte gezeigt und meine Mutter fragte mich, wann ich endlich was Anständiges machen wollte", meint sie zu ihrem Ausstieg wider Willen. „Aber wenn einer kommt, mir einen fahrbaren Untersatz bietet, dann würde ich sofort wieder einsteigen."

Sie startete in den letzten Jahren vornehmlich bei den extremen und langen Wüstenrallyes im außereuropäischen Raum und kaufte sich meist in kleinere Teams ein, um eine technische Grundversorgung in den Camps zu bekommen. Dafür fielen neben Ausgaben für Mechaniker und technisches Gerät insbesondere das Reisegeld ins Gewicht. „Du kannst ja als Fahrer einiges reparieren", sagt sie, „aber große mechanische Probleme zu beheben, das schaffst du alleine nicht." Die gebürtige Kaiserslautrin plante deshalb ihre Starts sorgfältig und nahm pro Jahr nur an zwei oder drei Wettbewerben teil. Je nach Größe und Bekanntheit wurde dort als Startgeld zwischen 5.000 und 35.000 Mark verlangt.

Einige Jahre wurde Silka Fritzingers Engagement von Mitsubishi gefördert, im Gegenzug richtete die Privatfahrerin Fahr- und Sicherheitstrainings für die Firma aus. Andere Finanziers suchte sie sich - mit mehr oder weniger großem Erfolg - unter Bremsen-, Öl- oder Helmherstellern. „Das ewige Klinkenputzen bei den Sponsoren war schon ein kräftiger Wermutstropfen für die Motivation", gibt sie heute ungezwungen zu. Der Druck ist vorbei.

Sie hatte spät angefangen im Motorsport. Erst mit 25 Jahren fuhr Silka Fritzinger ihre ersten Rallyes. Besonderes Merkmal: Ihre Beifahrerinnen waren meistens berühmter als sie. Zunächst begleitete die Radio-und Fernsehmoderatorin Stefanie Tücking die Kurse und 1992 die Athletin Kathrin Krabbe. „Das hat mir den Ruf einer Promi-Fahrerin eingebracht", gibt Silka Fritzinger ehrlich zu. Doch mit dieser hintergründigen Strategie konnte sie das Medienecho erhöhen, was wiederum Sponsorengelder einbrachte und die Startchancen verbesserte. Wäre sie allerdings bei ihren prominenten Beifahrerinnen weder auf Interesse noch auf Sympathie gestoßen und hätten deren Leistungen für die Extremtouren nicht ausgereicht, wären die illustren Frauenteams auch nie zusammengekommen.

Motor ihres Einsatzes war wie so oft der Vater. Klaus Fritzinger drehte ebenfalls erfolgreich seine Runden bei verschiedenen Rallyes und Rundkursen. Als Kind stand seine Tochter oft am Rand der Strecken und fieberte mit. Um seine Unterstützung mußte Silka trotzdem kämpfen. Klaus Fritzinger wollte erst spät wahrhaben, daß deren Begeisterung echt und es ihr mit dem Rallyefahren ernst war. Erst dann öffnete er ihr über die eigenen Bekannten und Sponsoren Tür und Tor zu einem eigenen Rallyeauto, zu Startterminen und Mechanikern.

Silka Fritzinger hat während ihrer Privatfahrer-Karriere viele Erfahrungen gesammelt, nicht immer positive. Vor allem um die viel zitierte Fairneß im Sport stand es nicht immer gut. „Die Männer gehen oft genug davon aus, daß Frauen eine defensive Fahrweise haben", sagt sie und

grinst. Das Vorurteil ihrer Konkurrenten sicherte ihr nämlich manchen Zeitvorsprung. Vor allem vor Hindernissen und in Engpässen, wo zwei Wagen nebeneinander nicht hindurch oder vorbeikommen. Dort war dann die Enttäuschung groß, wenn das Mädel vom Auto nebenan nicht „gelupft", also den Fuß vom Gaspedal gehoben hat, sondern weitergebrettert ist und im Gegenteil sogar noch Gas gab, um die Kühlerhaube vorn zu behalten. Am Ende des Rennens wurde Silka Fritzinger von den Ausgebremsten dann oft vorgeworfen, ihr mangelte es an Fairneß.

Eine Cross-Country-Rallye, während der die Unterschiede zwischen Profis und Semi-Profis nicht so stark ins Gewicht fallen, ist vor allem ein Kampf gegen sich selbst - das fasziniert Silka Fritzinger noch immer an diesem Sport: „Du kämpfst gegen alles: gegen das Material, gegen die Strecke und gegen dich selbst." Den inneren Schweinehund besiegen und nach einer kurzen Nacht, in der das Auto noch repariert werden mußte, unausgeschlafen am Start zu stehen. Und trotzdem Bestleistung bringen - das sei der gewisse „Kick" oder das „Feeling", das sie auf allen Strecken der Welt genoß: „Es ist eine Sucht, auch die nach Applaus."

Der allerdings ließ auf sich warten. Silka Fritzinger hat in den knapp fünf Rennjahren keine aufsehenerregenden Siege errungen. Sicher, da waren die Damenpokale, bei denen sie immer gut abschnitt und von denen sie den einen oder anderen auch abräumte, aber: „Die will ich nicht, wenn ich fuhr, dann in der Gesamtwertung. Doch die sportliche Leistung wurde belächelt", sagt sie. „Wenn ich als Newcomerin unter einigen hundert Fahrern auf Platz 30 fahre, dann ist das Glück. Bei einem Mann in der vergleichbaren Situation: Da ist es eine echte Leistung."

Die Diskriminierung konnte ihr den Spaß nicht vermiesen, eher stachelte sie ihren Ehrgeiz noch an. Sie stärkte mit Krafttraining ihre Kondition, hielt sich mit Gymnastik gelenkig, um die Verletzungsgefahr während der Rallyes zu senken, und übte ihre Reaktionsfähigkeit mit Squash. Sie würde sich gern auch in Zukunft die Hände dreckig oder in der Wüste schwitzend ihr Auto wieder startklar machen oder einen Stoßdämpfer wechseln, um weiterzukommen. Aber ihr fehlt das Geld.

Sie selbst schätzt es als eher unwahrscheinlich ein, noch mal eine Chance zu erhalten. In Zeiten, in denen um Umweltschutz, Luftschadstoffe und Benzinverbrauch heftig gestritten wird, so argumentiert sie, genießen Rallyes, die auf Schotter-, Kies- oder Sand- und nur selten auf Asphaltpisten starten, kein großes Ansehen. Die Folge: Trotz der mit Michael Schumacher neu entfachten Begeisterung für Formel und Motorsport, investieren Sponsoren noch immer ungern in diesen Bereich. Die Zukunft des Rallyesports läge deshalb in den Marathon-Rallyes außerhalb Europas: „In Deutschland werden Rallyes immer schwieriger", meint Silka Fritzinger, die auch den Plan, „eine dieser Renn-Omis" zu werden, enttäuscht aufgegeben hat und statt dessen ihre Karriere als Werbefachfrau angegangen ist.

Ellen Lohr

Im Gegensatz zu Rallyes fährt auf den Rundkursen jeder gegen jeden - und vor allem allein im Käfig, als der sich das Cockpit aus Sicherheitsgründen zeigt. Auf den asphaltierten Rennstrecken Deutschlands hat sich - zwischen Stahlrohre und Lenkrad gezwängt - in den vergangenen Jahren vor allem eine Frau einen Namen gemacht: Ellen Lohr. Inzwischen startet sie auf den Rennstrecken der Welt, denn die Deutsche Tourenwagen-Meisterschaft, in der sie als Werksfahrerin für Mercedes fuhr, wurde aufgewertet durch eine Internationalisierung der Rennen und heißt seit 1996 International Touring Car Championship (ITC): „Ich habe mich mit Mercedes sportlich weiter entwickelt", freut sich Ellen Lohr. „Das sehe ich auch als berufliches Fortkommen."

Nach eigener Einschätzung ist die derzeit bekannteste deutsche Rennfahrerin wie viele andere erst spät zu ihrem Sport gekommen. Als Vierzehnjährige wurde sie 1979 von ihrem Vater zum ersten Mal auf eine Kart-Bahn mitgenommen. Im Gegensatz zum jüngeren Bruder ist sie begeistert und fährt weiter. Zwei Jahre später qualifiziert sich Ellen Lohr zum ersten Mal bei der Junioren-Weltmeisterschaft im Kart - ein riesiger Erfolg für eine junge Fahrerin und Ansporn zugleich. Mit Hilfe ihres Vaters und seines zinslosen Darlehens bestreitet Ellen Lohr danach regelmäßig Wettkämpfe, wird erfolgreich in der Formel Ford, die damals gewohnte Klasse für Einsteiger.

Nebenbei beendet sie die Schule mit dem Abitur und schreibt sich für ein Chemiestudium ein. Über drei Jahre hält sie die Doppelbelastung von Formeln lernen und Formel fahren aus, später nimmt sie kurz vor dem Examen ein Urlaubssemester, anschließend noch eines und siegt in der Formel Ford. Ein Startsignal für eine neue Karriere und das Zeichen für eine längst fällige Entscheidung. Kurzentschlossen macht Ellen Lohr ihr Hobby zum Beruf, hängt 1989 die Chemie an den Nagel und wird Renn-Profi: „Gut, ich habe keine Berufsausbildung, aber ich empfinde das nicht als störend", sagt sie. „Rennfahrer ist auch so etwas wie ein Lehrberuf und vor allem eine Schule fürs Leben. Man erkennt nach und nach seine Stärken und bekommt Zeit und Möglichkeiten, danach zu planen."

Kein Beruf jedenfalls für Sicherheitsbewußte - nicht nur wegen der hohen Geschwindigkeiten, die auf die Pisten gelegt werden. Jedes Jahr im Winter werden die Sitze in den Teams neu vergeben. Seit mittlerweile fünf Jahren behauptet Ellen Lohr erfolgreich ihren Platz bei Mercedes: Auch wenn zum einen die Konkurrenz jüngerer Talente enorm stark ist und inzwischen auch Formel 1-Fahrer zur möglichen Konkurrenz um ein Steuer gehören. „Es gibt so viele gute Fahrer und so wenig Plätze hinterm Steuer", sagt sie nachdenklich.

Eine Situation, die sich verschärfen wird, seit Michael Schumacher mit Erfolg für Nachahmer sorgt. In den ausgehenden achtziger Jahren jedoch, als Ellen Lohr in der Formel Ford fuhr und auf einen Platz in der Formel 3 und 3000 hoffte, fristete der Motorsport ein Schattendasein. Nur wenige Zuschauer pilgerten zu den Rennstrecken, nur wenige Sponsoren beteiligten sich am Motorsport und nur wenige Werksteams engagierten sich. Entsprechend war das Gerangel um die begehrten Teamplätze. Ellen Lohr hat also lernen müssen, mit Druck und Konkurrenz nicht nur auf der Rennstrecke umzugehen, zumal ihr in den unteren Klassen auch noch Vorbehalte aufgrund ihres Geschlechts entgegenschlugen. „In den kleinen Nachwuchsklassen werden Frauen härter angegangen", mußte sie erfahren, aber auch: „In einer reinen Männersportart hat man Vorteile als Frau. Nur wenn es um die Formel 1 geht, dann kommen die Vorbehalte."

Bisher hat sie es stets geschafft, sich für eine Saison einen Platz in einem guten Rennteam zu erfahren: zwar nicht immer in der Klasse, die sie auch angesteuert hatte, aber niemals in einer, die für sie nur zweite Wahl gewesen wäre. Ursprünglich träumte auch sie von Starts in der Formel 1, zumal ihre Erfolge in der Formel 3 und 3000, den auf die Formel Ford folgenden Klas-

sen, zuversichtlich stimmten. Doch die Einladung zum Probefahren blieb aus, statt dessen winkte ein Platz bei Mercedes und in der Deutschen Tourenwagenmeisterschaft, den Ellen Lohr 1991 sofort annahm. „Für jeden Fahrer ist es ein Traum, mal ein Formel 1-Fahrzeug zu fahren", gibt sie zu, nicht ohne glaubhaft anzufügen, daß die DTM niemals ein ungeliebter Kompromiß war: „Wir fahren inzwischen auch mit Technik, die Formel 1-Standard ist. Die ITC steht da in nichts zurück, wir haben seit Jahren steigende Zuschauerzahlen und ein steigendes Interesse für unsere Rennen."

Positiver Nebeneffekt ihres Aufstiegs in die Tourenwagenklasse: Wer am Steuer sitzt - Frau oder Mann, das wurde irrelevant. „In der ITC ist jeder der Gegner des anderen. Es ist so ein harter Job, daß man sich das Frau-Mann-Gehabe gar nicht leisten kann. Ob da nun ein Larini, ein Nannini oder eine Lohr am Steuer sitzt, ist egal." Ein Erlebnis wird ihr wohl dennoch ewig nachhängen. 1992 kickte Keke Rosberg, ehemaliger Formel-Fahrer, seine Teamkollegin aus der Bahn. Beobachter des Geschehens witterten sofort ein Mann-Frau-Problem, schließlich hatte Ellen Lohr den ersten von zwei Qualifizierungsläufen gewonnen, lag also gut im Rennen, während Keke Rosberg unter ferner liefen rangierte. In den Magazinen und Zeitungen war von unnötigem Gerangel die Rede, aber auch von fehlender Fairneß, der Frau den Sieg zu gönnen. Darauf angesprochen kann Ellen Lohr heute herzhaft lachen: „Diese Geschichte wird der Arme nie mehr los." Möglicherweise hatte er, als er zum Team stieß, tatsächlich daran gedacht, mir einzuheizen. Aber ich hatte ihn schon viel früher überzeugt durch meine Leistungen. Ich bewundere ihn, er ist so etwas wie ein Vorbild für mich, auch deshalb, weil er nicht nur Erfolg beim Rennen, sondern auch als Geschäftsmann hat."

Ihre Fahrweise beschreibt Ellen Lohr selbst als taktisch. „Meine Stärke ist Startgetümmel", sagt sie. „Es gibt kaum einen Start, an dem ich nicht zwei, drei Plätze gutmache." Von wegen weibliche Zurückhaltung: Wer zwischen anfahrenden Rennwagen die Ideallinie beibehalten und den Kühler vorne haben will, muß ein gutes Auge haben, Mut beweisen und auch mal hart sein: „Ohne Aggressivität", meint Ellen Lohr, „ist in diesem Sport nichts auszurichten." Sie kämpft im übrigen auch gelegentlich gegen sich selbst, zum Beispiel dann, wenn es darum geht, Rundenzeiten zu unterbieten. „Die schnellsten Runden sind jene, in denen ich fast absegele, und es gerade nochmal schaffe, den Wagen auf der Spur zu halten." Gedanken an die natürlichen Grenzen der Frau verbieten sich in solchen Situationen aber von selbst, auch jene der körperlichen Barrieren. „Ein absolutes Vorurteil", meint Ellen Lohr und ihre Stimme wird vor Entrüstung laut. „Das ist Trainingssache."

Auf dem Programm stehen vor allem Konditionstraining und Übungen, die Arme und Beine stärken. Zweimal 40 Minuten ist sie wie ihre Kollegen im Rennen, dabei erhitzt sich die Luft im Cockpit auf über 70 Grad. Im feuerfesten Anzug, mit Helm und Handschuhen schwer auszuhalten für einen Neuling ohne Übung.

Bisherige Erfolge
Ellen Lohr wurde am 12. April 1965 in Mönchengladbach geboren. 1986: Vierte bei der Formel Ford Deutschland; 1987: Erste der Formel Ford Deutschland; einen zweiten und einen fünften Platz in der Deutschen Tourenwagen-Meister-schaft; 1989: Siebte der Formel 3; 1990: Zweite beim Formel 3-Grand Prix von Monaco und beim 24-Stunden-Grand Prix auf dem Nürburgring; 1992: Sieg eines Laufes der Deutschen Tourenwagenmeisterschaft; 1993: Mannschaftssieg der DTM.

„Das Faszinierendste ist zu fahren, hochwertige Technik zu bewegen und eigene Grenzen zu überwinden", nennt Ellen Lohr den Grund für ihr Engagement im Motorsport. Das Rasen am Limit, wenn die Technik Grenzen vorgibt und die eigene Leistungsbereitschaft provoziert, wenn für Millisekunden in der Kurve noch einen Deut später gebremst und früher Gas gegeben wird. Und schließlich besteht da noch ein Team, mit dem man zusammenarbeitet, um aus dem Wagen den letzten Rest an Leistung herauszuholen. Ein Team, das meist mit jeder Saison wechselt und auf das man sich während einer Saison möglichst schnell einstellen muß. Noch ein Grund, warum Ellen Lohr das Rennfahren als eine Schule des Lebens bezeichnet.

Inzwischen hat sich Ellen Lohr, die sich selbst managt, ganz anderen Aufgaben zugewendet. Keke Rosberg, das Vorbild, läßt grüßen. Seit 1996 fördert sie wie er Nachwuchstalente - selbstredend Frauen. „Inzwischen bin ich in der Lage, anderen Türen öffnen zu können", meint Ellen Lohr, die seit Jahren auf den Rennstrecken der Welt Kontakte gesammelt hat. „Ich habe nie jemanden gehabt, der mich gepusht hätte, jetzt mach' ich das eben selbst." Und ganz nach Sportlerart ist das Ziel schon gesteckt: „Ich will sehen, wie weit es mit den Frauen im Motorsport vorangehen kann, vielleicht schafft es eine auch in die Formel 1", sagt sie und joggt in die Box, wo ihr Handwerkszeug schon wartet, über die Piste gejagt zu werden.

Yolanda Surer

Wie Ellen Lohr fährt auch die Schweizerin Yolanda Surer auf den unterschiedlichsten Rennstrecken. Dabei hat das ehemalige Playmate des Jahres mit vielen Vorurteilen zu kämpfen: Journalisten finden ihre Kurven häufig reizvoller als ihre Leistungen auf der Strecke. Auch was ihr Können betrifft, hat Yolanda Surer einen eher zweifelhaften Ruf im Motorsport. Auf den ersten Blick bestätigt die Schweizerin die Vorurteile: Groß, schlank, sichtbar auf ihr Äußeres bedacht, lackierte Fingernägel, modische Kleidung, auffälliger Schmuck. Während sich andere Kolleginnen hinsichtlich ihres Aussehens eher sportlich-burschikos geben, legt Yolanda Surer in Sachen Weiblichkeit einen Gang mehr ein.

Tatsächlich liest sich auch ihr Lebenslauf anfangs wie die typische Karriere einer hübschen Frau: nach dem Abitur 1980 Stewardess bei der Swiss Air, danach Schauspielunterricht in Zürich, nebenbei Aufträge als Mannequin. „Ich habe versucht, den Durchbruch zu schaffen, war aber für ein Model nicht groß genug", erinnert sich Yolanda Surer. Die Konsequenz dieser Erkenntnis: Sie geht auf die Journalistenschule des Ringier-Verlages, legt dort 1985 ihr Diplom ab.

„Was immer man tut, wenn man es mit halbem Herzen tut, stellt der Erfolg sich nicht ein," resümiert Yolanda Surer ihre Erfahrungen. Offenbar galt auch der schreibenden Zunft nicht ganz ihre Liebe, selbst wenn sie heute noch sporadisch zu Mikrophon, Kugelschreiber und Block greift. Seit über acht Jahren sitzt Yolanda Surer hauptsächlich hinterm Steuer. Nicht ohne Erfolge, sonst wäre sie kaum seit über vier Jahren feste Werksfahrerin von BMW. Zur Zeit nimmt Yolanda Surer an der Zwei-Liter-Tourenwagenklasse teil, einem Pendant zur Deutschen Tourenwagenmeisterschaft, die zwar international, aber mit deutlich schwächerer Motorisierung ausgetragen wird. Hier bestreitet sie etwa zehn Rennen pro Jahr, verdient damit den Großteil ihres Geldes. „Ich hätte nie gedacht, daß ich einmal Rennen fahren werde", gibt sie zu.

Ein Mann gab die Initialzündung - der Schweizer Formel-Fahrer Marc Surer, den Yolanda 1986 heiratete. „Dank ihm bin ich zum Motorsport gekommen", sagt sie und erzählt von Touren in vereiste, winterliche Berge: „Im ersten Winter sind wir jede Nacht, wirklich jede Nacht bei Schnee und Eis gefahren. Marc hat mich an seine Kandare genommen und mir das Einmaleins des Fahrens beigebracht - wie man das Auto in den Griff bekommt, es kontrollieren kann." Es folgen Kartrennen, Einsätze in der Formel Ford und Formel 3, schließlich 1991 ein Werksvertrag. Nebenbei avanciert die attraktive Schweizerin zum Liebling der Fotografen und Journalisten. Yolanda - ein dankbares Motiv: Sie posiert auf Kühlerhauben und Sportwagen. Weil sie dabei ihren Rennoverall das entscheidende Bißchen zu weit öffnet, verspielt sie nachhaltig den Ruf als engagierte Fahrerin und erntet harsche Kritik von den Kolleginnen.

Naiv und unbekümmert ließ sich Yolanda Surer in den Anfangsjahren ihrer Rennkarriere in ein Schema pressen und bestätigte damit das Bild, das vor allem Medien von ihr zeichneten, beeinflußt vom Ruf des Playmate, das Yolanda Surer 1983 der Zeitschrift *Playboy* gab. Zwar bezeichnet Yolanda Surer die Fotos und ihren Ruf als „Dummheit", macht sich allerdings keinen Kopf über ihre Vergangenheit. „Natürlich bleibt das schlechte Image hängen. Man vermarktet sich schließlich als Ganzes", meint Yolanda Surer. „Ich glaube schon, daß man auch das ist, was man in seinen früheren Tagen gemacht hat." Trotz größerer Zurückhaltung und einiger beachtlicher Erfolge, ist sie den Makel, nur schön zu sein, nie ganz losgeworden. Doch die

Mannschaft und die Verantwortlichen von BMW stehen hinter ihr, schätzen Persönlichkeit und Können. „Die Frau als Sexsymbol - das gibt es doch schon, seit es das Auto gibt", sagt sie. „Das wird auch weiter bestehen, hat aber mit uns Fahrerinnen nichts zu tun." Lehnen sich heute Nummerngirls fürs Publikum lasziv an ihren Wagen, fühlt sich Yolanda Surer inzwischen „fast wie ein Mann".

Ein reizendes Motiv gibt sie heute nicht mehr ab, so viel hat sie gelernt. Andrerseits werden auch Groupies und Models seltener eingesetzt. „Man hat angefangen, die Mädchen von den Boxen zu verbannen", berichtet Yolanda Surer. „Sie müssen gehen, bevor die Motoren starten. Es würde die Fahrer zu sehr ablenken, und dafür ist das Geschäft zu professionell geworden."

Natürlich hat sie sich schon als Alibifrau von Sponsoren benutzt gefühlt oder auch die Härte der Konkurrenz gespürt. Aber das gehört ihrer Meinung nach zum Job: „Ich kann mich nicht erinnern, daß ich irgendwann hinterherfuhr", berichtet die Bernerin. „Aber es kam vor, daß mich einer in der letzten Runde abgeschossen hat und meinte, auch Frauen müssen fliegen lernen. Aber das heißt doch ganz einfach, daß

Bisherige Erfolge

Yolanda Surer wurde am 8. Oktober 1960 in Luzern geboren. 1988 wird sie Achte in der Schweizer Kartmeisterschaft; 1990: Siebte in der Formel 3, die sie als bester Einsteiger abschließt. 1991: Dritter Platz in Hockenheim bei der Formel 3. 1992: Zweite bei den 24-Stunden auf dem Nürburg-Ring der Deutschen Tourenwagen-Meisterschaft. 1993: Deutsche Tourenwagenmeisterschaft, Sieg in Berlin, drei zweite Plätze in der gesamten Saison.

man sich rächt beim nächsten Mal." Ehrgeiz und Kämpfen müssen, das sind die Gründe, warum sich Yolanda Surer auch nach zehn Jahren noch immer gern hinters Steuer setzt. Dabei staunt sie selbst am meisten, wie weit sie es auf den Asphaltpisten gebracht hat. „Rennsport bedeutet auch, daß man Routine mitbringt und ich habe erst mit 26 Jahren damit begonnen, das ist schon verdammt spät", meint sie. „Ich wundere mich, daß ich jetzt da bin, wo ich bin, gewisse Leute schlagen kann und damit mein Geld verdiene."

Carmen Heer-Ziegler

Ganz ohne Frauen kam jedoch auch die Formel 1 der letzten Jahre nicht aus. In einem anderen Metier machte die Stuttgarterin Carmen Heer-Ziegler dort Karriere. Sie wurde 1992 als erste Frau Teamchefin einer Formel-Eins-Mannschaft. Der Schweizer Peter Sauber holte die damals 32jährige Managerin in seinen Rennstall, bevor er mit seinen Autos in der Königsklasse startete. Carmen Heer-Ziegler stand damit in Hinwil bei Zürich und später an allen bekannten Grand Prix-Strecken der Welt vor der Aufgabe, eine weitgehend unerfahrene Mannschaft in ihre erste Formel-1-Saison einzuführen. Im Sommer 1994, nach dem Rennen in Silverstone, verließ sie das Team - aus persönlichen Gründen: „Ich habe gute Arbeit geleistet", resümiert Carmen Heer-Ziegler ihre Zeit bei Sauber.

Als Teammanagerin kümmerte sich Carmen Heer-Ziegler um Organisation und Logistik. „Ich war zuständig für den Einsatz des Renn- und des Testteams", beschreibt sie ihre ehemals wichtigsten Aufgaben. Das hieß: Sie brachte jeden Monat ein- bis zweimal rund 50 Mann zusammen mit neun Tonnen Technik - Ersatzteile und Zubehör - und drei Formel-Fahrzeugen auf die Reise, entweder per Flugzeug oder in 37-Tonner-Trucks. Außerdem koordinierte sie das Zusammenspiel von Technikern und Ingenieuren in den penibel sauberen Werkstätten von Hinwil und in den Boxen an den Rennpisten. Sie hatte sich überdies um die Wettbewerbsregeln zu kümmern, die sich je nach Austragungsort, Stand der Technik oder Sicherheitsniveau veränderten und nicht nur die Fahrweise beeinflußten, sondern auch Motorentechnik und damit Leistung. Sie betreute schließlich die Verträge der Werksfahrer und verhandelte mit Sponsoren.

Ansprüche, denen sich Carmen Heer-Ziegler anfangs nicht gewachsen fühlte. Das kann sie heute leicht zugeben. Denn bis 1992 hatte sie keine Erfahrungen mit der Königsklasse gemacht, wußte daher kaum, wo sie mit den Vorbereitungen anfangen sollte. Aber es wäre auch nicht Carmen Heer-Ziegler gewesen, wenn sie diese Herausforderung nicht angenommen und sich mit Gründlichkeit und Disziplin durchgebissen hätte durch komplizierte Reglements, unausgesprochene Vorbehalte und stets auftretende Überraschungen.

Dementsprechend war es auch Zufall, daß Carmen Heer-Ziegler zum Motorsport und zur Formel 1 kam. Nach einer kaufmännischen Lehre bei Mercedes-Benz bot man ihr eine Stelle im Sportmarketing an: „Ich war überhaupt nicht begeistert", erinnert sie sich heute an die Offerte. An die Rennsportabteilung von Mercedes Benz hatte die ausgelernte Kauffrau zuletzt gedacht, wenn sie sich eine Zukunft bei Mercedes Benz ausmalte. Unter Vorbehalten nahm sie die Stelle an und blieb nach der vereinbarten Probezeit, weil sich der Umgang mit Sponsoren, Mercedes-Werksfahrern, Mechanikerteams oder Journalisten als vielseitig, faszinierend und spannend erwiesen hatte. Durch die Zusammenarbeit des schwäbischen Autounternehmens mit dem Rennstall in der Schweiz lernte Carmen Heer-Ziegler schließlich ihren zukünftigen Chef Peter Sauber kennen.

Eine Frau an verantwortlicher Stelle in der bis dato männlichsten aller Männerdomänen? Das gab Konflikte. Zunächst innerhalb der Mannschaft und später auch mit anderen Rennteams und den Formel-Offiziellen. „Ich weiß, daß jeder es komisch fand, daß ich hier eingestellt wurde", meint Carmen Heer-Ziegler im Rückblick. Eine in der Formel 1 unerfahrene Teammanagerin für eine ebenso unerfahrene Mannschaft: konnte das gutgehen? Die einschlägigen Medien bezweifelten das sofort. Ein Foto, das Peter Sauber zusammen mit Carmen Heer-Ziegler bei Testfahrten an einer Rennstrecke, beide mit ärgerlichem Gesicht, zeigt, erschien in der Schweizer Tageszeitung *Blick* unter der Überschrift: „Ärger mit der Teamchefin" und wurde nach dem Motto kommentiert: Das hätten wir ja gleich sagen können, daß eine Frau diesen Job nicht packt.

Auch die Mannschaft registrierte die ersten Arbeiten ihrer Chefin mit Besorgnis. Ein Druck, gegen den sich Carmen Heer-Ziegler mit Disziplin, Genauigkeit, gründlicher Vorbereitung, aber auch Zurückhaltung durchsetzte. Sie las sich ein, beobachtete an den Rennstrecken, wie die Manager anderer Formelteams Probleme lösten, und sie sicherte sich ab, bevor sie eine Antwort gab: „Ich hatte Angst, daß mir schon ein klitzekleiner Fehler unterläuft", gibt sie zu. „Frauen werden zu Arbeitstieren, um die Position zu behaupten, die ein Mann hat."

Das Eis zwischen ihr und der Mannschaft begann zu schmelzen, es brach 1993 vor dem ersten ordentlichen Start in Südafrika endgültig. Damals legte die Teamchefin „ihren" Männern ein ausführliches Programm vor, erklärte ihnen die Erwartungen und Abläufe an der Rennstrecke, half gegen Lampenfieber mit Information - und verschaffte sich so Respekt: „Man muß sich als Frau gar nicht so sehr beweisen", hat sie daraus gelernt. „Man muß nur zeigen, daß man seine Sache beherrscht."

Am Rand der Rennstrecken war es auch von Vorteil, daß Carmen Heer-Ziegler gegenüber den Verantwortlichen, Rennoffiziellen und jeweiligen Veranstaltern gar nicht erst Wissen vortäuschte. Sie gab sich offen, suchte das Gespräch, stellte Fragen und bekam die richtigen Antworten. „Racing-Director Roland Bruynseraede holte mich jeden Donnerstag vor dem offiziellen Trainingstag ab, um mich über die Rennstrecken zu fahren und mir zu zeigen, wo Zeitmessungen stattfinden und wo es Probleme auf den Strecken gab", berichtet Carmen Heer-Ziegler.

Ihre offene Strategie zeigte Erfolg: Das neue Team in der Formel 1 und seine anfangs unerfahrene Managerin belegten unter 13 angetretenen Rennställen auf Anhieb Platz Sechs in der Gesamtwertung - auch dank der umsichtigen Organisation. Doch hier winkt Carmen Heer-Ziegler ab: „Es ist vor allem eine Leistung der Mannschaft, der Fahrer, Techniker, Ingenieure, Mechaniker und der Logistik." Sie spricht von „Glück", wenn ihr damals keine Pannen passiert sind.

Die Formel 1, wie der Rennsport allgemein, ist für männliches Imponiergehabe bekannt. Störte das die Teammanagerin? „Es blieb mir verborgen", sagt sie und verweist auf die hektischen Startvorbereitungen in der Box. „Die Fahrer sind froh, wenn sie an den Renntagen fünf Minuten aufatmen können." Es sei bloßes Geschäft, wenn die Fahrer sich mit Models und Groupies fotografieren ließen. Die Chancen für Fahrerinnen schätzte auch Carmen Heer-Ziegler damals gering ein. Sie war überzeugt davon, daß die Physis einer Frau nicht ausreicht, die Fliehkräfte der hohen Fahrgeschwindigkeiten auszuhalten. Sie hätte deshalb als Teamchefin kaum eine Rennfahrerin gefördert: „Ich würde nie eine Frau dazu motivieren, den anderen nur hinterherfahren zu müssen. Daß überhaupt schon Frauen mitgefahren sind, ist für mich eine enorme Leistung, wenn sie dabei auch hinten lagen."

Während ihrer Zeit als Teammanagerin hat sich Carmen Heer-Ziegler vom Formel-Fieber anstecken, von der Technik, den Fahrzeugen und von der stetig gezeigten menschlichen Leistung faszinieren lassen. Allerdings hat sie auch die Kehrseite der Medaille kennengelernt: die Lebensgefahr der Fahrer. Womit sie sich in unserem ersten Gespräch noch nicht einmal gedanklich beschäftigen wollte - mit einem Unfall auf der Rennstrecke - wurde sie in ihrer zweiten Saison gleich mehrfach konfrontiert: Während des Grand Prix von Imola verunglückten Roland Ratzenberger und Ayrton Senna tödlich. Nur eine Woche später kam in Monaco der Sauber-Fahrer Karl Wendlinger von einer Trainingsfahrt nicht zurück an die Box: „Ich hatte mir noch nach dem Unfall von Senna eingestehen müssen, daß ich überhaupt nicht wußte, wie ich reagieren muß, wenn einem unserer Fahrer das passiert", meint Carmen Heer-Ziegler. Dann hat sie selbst erlebt, daß man in solchen Fällen reagiert wie ein aufgezogenes Uhrwerk: instinktiv genau das Richtige tut und die wichtigsten Schritte veranlaßt, eingehüllt in einen Kokon aus Unglauben, Erstaunen, Schmerz und Streß.

Peter Sauber und Carmen Heer-Ziegler informierten die Eltern des Rennfahrers, nachdem sie im Krankenhaus Definitives über dessen Zustand wußten. Sie kümmerten sich um die Freundin, begleiteten die ganze Familie ins Krankenhaus. Sie richteten eine Informationsstelle für die Presse ein und entschieden, daß beim Großen Preis von Monaco 1994 kein Sauber-Auto starten wird. Ein neuer Fahrer sollte für den Rest der Saison erst nominiert werden, wenn Karl Wendlinger definitiv außer Lebensgefahr sei. „Die Zeit nach dem Unfall war eine schlimme Zeit. Alle vermißten den Karl, hinzu kam die Unsicherheit, wann er wieder fahren könne und ob ein neuer Fahrer käme oder nicht", erinnert sich Carmen Heer-Ziegler.

Das Erlebnis hat sie aus der ersten Euphorie eines spannenden und aufreibenden Jobs gerissen. Es zeigte ihr aber auch, wie wichtig das Vertrauen und der Zusammenhalt einer Mannschaft gerade in solchen Momenten sind.

Trotz dieser schwarzen Stunden: Teamchefin gewesen zu sein und eine Mannschaft in die Formel 1 geführt zu haben, bezeichnet Carmen Heer-Ziegler als ihre beruflich beste Zeit. „Die Verantwortung für einen Teil in dem Ganzen der Formel 1 zu tragen, finde ich eine tolle Herausforderung. Es war das Interessanteste, das ich jemals gemacht habe und eine Aufgabe, die mich persönlich wie auch beruflich immens weit gebracht hat", sagt sie, und Stolz klingt mit, wenn sie davon erzählt, daß nach der ersten Saison die Leistung auch von den Kollegen anderer Teams anerkannt worden war.

1994 tauschte sie dennoch ihren aktiven Posten am Rand der Rennbahnen mit dem passiven eines Fernsehzuschauers ein. Nach ihrer Heirat und der Geburt des Sohnes 1995 hat sie vorerst neue Prioritäten gesetzt, doch neue Aufgaben im Motorsport sind längst wieder anvisiert. „Dem Motorsport werde ich nie ganz den Rücken kehren. Meine künftigen Aufgaben im Motorsport sind noch in der Planung und in der Aufbauphase. Ich freu mich drauf."

Der Traum vom Auto

Frauen fahren anders als Männer, zumindest der statistische Durchschnitt. Sie legen hinterm Steuer auf andere Kriterien Gewicht: Neben dem Spaß beim Fahren zählen Vorsicht und Rücksicht. Männer sind hingegen eher bereit, Risiken einzugehen. Sie wollen zügig vorankommen, achten auf schnelles Reagieren, wo Frauen eher zögern. Es sind Fahrweisen, die sich in den unterschiedlichen Haltungen zum Auto spiegeln und wiederfinden.

Auto, Auto, Auto
Insgesamt waren 1994 43.414.090 Autos in Deutschland angemeldet. Zwischen knapp 620 und 925 Mark gibt eine vierköpfige Familie im Monat für ihr Auto aus. An der Entscheidungsfindung für ein Auto sind in Familien auch die Kinder beteiligt.

Für Frauen ist das Auto in erster Linie ein Gebrauchsgegenstand, der sie bequem und schnell von einem Ort zum anderen transportiert, der nachts Unabhängigkeit und Sicherheit verschafft und ihnen hilft, den Alltag zu bewältigen. Das Ansehen, das mit Autos verbunden wird, resultiert aus deren Nutzen und Chancen. Frei nach René Descartes wäre die Autofahrerin mit dem Motto zu beschreiben: Ich fahre, also bin ich.

Bei Männern lautet die Parole eher: Was und wie ich fahre, so bin ich. Marke, Modell und Fahrweise sind Ausdruck dessen, was sie sind bzw. sein wollen. Verständlich, wenn sich das menschliche Charakteristikum, mehr sein zu wollen als man ist, bei den Männern vor allem im Auto und bei Frauen in ganz anderen Lebensbereichen zeigt. Männer, insbesondere junge, kaufen sich oft Wagen, deren Motorleistung ihr Fahrvermögen übersteigen. Sie beschäftigen sich zudem auch in ihrer Freizeit gern mit Autos, pflegen damit ihr Selbstwertgefühl und steigern dies mit Hilfe von schnittigem Zubehör. Das ist Frauen fremd: Um Persönlichkeit, Erfolg, Selbstbewußtsein aufzupolieren, nutzen sie meistens Mode, Schmuck, Kosmetik.

Eine eher männlich geprägte Autowahl wird in Zukunft zunehmend unter Rechtfertigungsdruck kommen. Schließlich sind angesichts von Staus und Parkplatznöten große Limousinen unzeitgemäß, und leistungsstarke Motoren haben sich in Zeiten von Waldsterben und Luftverschmutzung eigentlich auch überholt. Mit der Diskussion ums Auto kam bereits das konservativ männliche Kaufverhalten in Verruf, nicht nur Frauen spotten darüber, inzwischen gelten schwere Limousinen und aufgetunte Sportwagen auch bei manchen Männern als lächerliche Insignien von Spießertum oder Machtstreben.

Kompakte, wendige und verbrauchsarme Fahrzeuge rücken deshalb in den Mittelpunkt des allgemeinen Interesses, Autos also, die Frauen schon immer fahren. Geht's um den Trend auf den Straßen, sind Frauen zukunftsweisend, sie haben sich beim Autokauf schon immer realistischer und vernünftiger verhalten. „Frauen tendieren dazu, Modelle zu wählen, die etwas unterhalb ihrer fahrerischen und materiellen Möglichkeiten liegen", stellte die Soziologin Gloria Frink 1990 in der Marktstudie *Frau und Auto* fest.

Die Sozialisierung zeigt sich auch beim Autokauf, anhand der Kriterien, nach denen Frauen ihr Fahrzeug auswählen: „Die Frau, die einen Wagen für ihren Haushalt und für den täglichen Transport ihrer Kinder braucht, achtet bei der Auswahl und dem Kauf eines Automobils auf andere Details als ein auf Vorwärtskommen bedachter Mann. Aber auch die Frau, die sich ‚selbständig' macht und geschäftlich unterwegs ist, scheint auf andere Dinge Wert zu legen als ihr männlicher Kollege", schrieb 1988 der Psychologe Werner Wagner in seinem Beitrag *Autotests - für Frauen, von Frauen*. Vom späteren Zweck geleitet betonen Frauen Eigenschaften wie Sicherheit, Umweltverträglichkeit oder Preis eines Autos. Wirtschaftlich, übersichtlich, praktisch sind weitere Eigenschaften, die sie schätzen. Hinzu kommen Zuverlässigkeit und Kinderfreundlichkeit. Ausschlaggebend sind außerdem Form und Farbe, wobei nicht die kugelig-runden Silhouetten favorisiert werden, sondern Eleganz und Harmonie.

> **Wer die Wahl hat**
> Knapp 70 Prozent der Frauen, so eine Umfrage, sehen im Auto einen nützlichen Gegenstand, rund 25 Prozent einen verläßlichen Freund, knapp sieben Prozent nutzen es als Ausdruck ihrer Persönlichkeit, und für die wenigsten (0,3%) ist es ein Aushängeschild.

Den generellen Forderungen an ein Auto entsprechen die Wünsche ans Zubehör: Besonders wichtig sind Frauen Funktionen, die das Handling hinterm Steuer und beim Beladen erleichtern oder die Sicherheit erhöhen, also Airbags, Zentralverriegelung, Anti-Blockiersystem, Servolenkung, die teilbare Rückbank zum Umklappen. Ein Sonnenschiebedach würden sie ebenfalls nicht zurückweisen. Dafür verzichten sie liebend gern auf Ausstattungsdetails, die das Image eines Wagens aggressiv und kraftvoll machen, wie Auspuffanlagen, Spoiler, getönte Scheiben, aber auch eine imponierende Zahl von PS oder Hubraum. Klimaanlagen, elektrische Fensterheber und Außenspiegel oder ein Automatikgetriebe - Ausstattungsmerk-

> **Die Farbe macht's**
> Nach Sicherheit sind Form und Farbe wichtige Auswahlkriterien. Frauen stehen dabei auf Rot: Über ein Viertel wählt ein Auto dieser Farbe, Blau lieben dagegen 24 Prozent, danach folgen Schwarz (18,2 Prozent) und Grün (11 Prozent). Weit abgeschlagen sind Silber und Gelb, für die sich nicht einmal fünf Prozent entscheiden. Die Farbe ist lediglich knapp 13 Prozent der Käuferinnen egal.

male vor allem größerer Limousinen - stehen nicht auf der Einkaufsliste.

Die Industrie apostrophiert aufgrund dieser Vorlieben seit Jahren kleine Wagen als ausgesprochene Frauenlieblinge, sie werden von Fahrerinnen anscheinend bevorzugt gekauft.

Doch Zweifel dieser Einschätzung gegenüber sind angebracht: Zwar steuern tatsächlich über die Hälfte aller Frauen einen Kleinwagen oder einen der Kompaktklasse, Umfragen zufolge würden sich jedoch insbesondere ältere Frauen, wenn sie die Möglichkeiten dazu hätten, eine größere Limousine oder sogar einen Sportwagen anschaffen. Das kann als Zeichen dafür gewertet werden, daß die Marktstrategen der Autofirmen ein bißchen falsch liegen.

Die Liebe der Frauen zu kleinen Fahrzeugen ist vielmehr auf finanzielle Spielräume zurückzuführen. Zumal ein Großteil der Frauen den Zweitwagen einer Familie, der eine Nummer kleiner ausfällt, fährt. Selbst im Beruf erfolgreiche Frauen geben weniger Geld fürs Auto und dessen Unterhalt aus. Sie setzen andere Schwerpunkte in ihrem Leben. Müssen Frauen aber nicht aufs Geld achten, bleibt vom weiblichem Purismus auf der Straße wenig übrig. Jüngere Umfragen belegen, daß in den vergangenen Jahren der Frauenanteil unter den Käufern sportlicher Wagen oder eleganter Limousinen gewachsen ist.

Kleinwagen haben weitere Vorteile: Frauen schützen sich mit ihnen davor, daß ihre Mobilität durch den Partner beschnitten wird. Für viele Männer gilt der Kleinwagen als ein Makel. Ist dieser auch noch in einer als feminin geltenden Farbe, etwa rot, gelb oder weiß, lackiert, rufen sie lieber ein Taxi, vor allem, wenn sie zur Arbeit oder zu Freunden fahren. Dazu Gloria Frink: „Die Tatsache, daß Frauen andere Auswahlkriterien für ein Auto haben, weniger technische und mehr optische, schützt sie davor, daß ihr Auto vom Ehemann oder Partner quasi enteignet wird."

Seit langem scheint bei Frauen eine Liebe ungebrochen: die zum Cabrio. „Werden wir einmal so weit sein," meinte schon 1927 Erna Richter in der Zeitschrift *Motor*, „daß die Dame allein für ihren Privatgebrauch sich einen Wagen kaufen kann, so wird das kleine zweisitzige Kabrio-

Nur Vorliebe?
Die Frauen Europas steuern vor allem Klein- und Kompaktwagen: In Dqaeutschland sind 62 Prozent aller Fahrer dieser Klassen weiblich, in Großbritannien 55 Prozent, in Frankreich 51 Prozent, in Italien 39 Prozent und in Spanien 33 Prozent.

Autotypen
Marktforscher unterscheiden bei Auto-Käuferinnen drei Typen. Die Erfolgsorientierte will Selbstbewußtsein und Emanzipation beweisen und wählt dazu schnelle, sportliche Wagen oder einen Jeep. Die Idealistische denkt sehr pragmatisch und umweltorientiert, kauft sich einen pfiffig gestylten, technisch aufwendigen Kleinwagen oder einen Kombi. Die Konservative fühlt sich unsicher, steigt in unauffällige Wagen.

lett am meisten begehrt sein. Denn elegant und schnittig will die Dame ihren Wagen haben, außerdem muß er sich leicht parken lassen beim Shopping und nachmittags draußen im Club." Auch wenn „Dame" heute nicht mehr dasselbe bedeutet wie ehedem: Die Frauen aller Schichten fahren gern offen.

Frauentypisch, wie Psychologen meinen? Sicher ist, daß sich Fahrer in einem offenen Wagen leichter zeigen können, - und gesehen werden oder auffallen, damit pflegen auch Frauen gern ihr Image.

Die Nachteile von einer mangelnden Beschäftigung mit Autos und Technik zeigen sich dort, wo es um den Autoalltag geht: Nicht nur, daß sich der größte Teil der Frauen unsicher fühlt, wenn sie ein Fahrzeug kaufen sollen. Weit über die Hälfte der Kundinnen (knapp 70 Prozent) lassen sich auch deswegen von Freunden, Ehemännern oder Brüdern ins Autohaus begleiten, weil sie fürchten, die falschen Fragen zu stellen, durch Wissenslücken negativ aufzufallen und die falsche Entscheidung zu fällen.

Eine Unsicherheit, die Automechaniker und Werkstätten auszunutzen wissen. Sie lassen sich die Reparaturen von Frauen oft besser bezahlen als die von Männern. Bis zu einem Drittel der Kosten verlangen sie dann mehr, ergaben Umfragen und Erfahrungen. Nicht nur bei den Servicestationen hat frau das Nachsehen. Wollen Autobesitzerinnen ihren Gebrauchtwagen beim Händler loswerden, erzielen sie dabei ebenfalls schlechtere Erlöse als Männer. Die Unterschiede gehen dabei durchaus in die Tausende oder Hunderte von Mark.

Anstatt aber die eingestandenen Wissenslücken zu schließen, um nicht mehr übers Ohr gehauen zu werden, begeben sich die meisten Frauen schnurstracks ins Jam-

Mein kleiner DIXI

Der wahrhaft zeitgemäße Kleinwagen

mertal. Sie klagen darüber, nicht ernst genommen und wie unbedarfte, anspruchslose Käuferinnen behandelt zu werden. Pannen und Wartungsdienste überlassen sie ihren Partnern, Brüdern, Freunden, um schließlich im Ernstfall hilflos im Regen zu stehen.

Würden Frauen sich zumindest ein wenig für Autotechnik interessieren, müßten sie auch erkennen, daß zwischen ihren Ansprüchen in punkto Sicherheit oder Umweltschutz und der Realität eine riesige Kluft besteht. Sie fahren Kleinwagen und legen aus Sicherheitsgründen auf Zentralverriegung Wert, beachten dabei aber nicht, daß gerade diese Fahrzeuge nur eine kleine Knautsch- und Sicherheitszone bei einem Unfall bieten. Sie achten auf Airbags und Anti-Blockiersystem und wissen kaum über die passive Sicherheit ihres Wagens Bescheid: Und das, obwohl hauptsächlich sie es sind, die Kinder transportieren.

Sie halten sich für umweltbewußt, wenn sie auf Motorenleistung verzichten, und vertrauen dabei meistens veralteter Technik – mögliche Um- und Aufrüstung der Motoren sind kein Thema.

Die Autoindustrie hat die Frauen als ernstzunehmende Kunden erst spät wahrgenommen. Als die Verkaufszahlen in den achtziger Jahren deutlich machten, was damals auf den Straßen längst üblich war, wurde die neue Klientel zum Thema, wurde Werbung auf weibliche Ansprüche zugeschnitten und kamen in den Autohäusern sogar Frauen zum Einsatz.

Das ist im Grunde verwunderlich - und zwar in mehrfacher Hinsicht: Zum einen erwarten Marktforscher, daß allein durch die Frauen die Zahl der Autos in den nächsten Jahren kräftig ansteigen wird. Optimisten gingen 1993 davon aus, daß bei einer positiven wirtschaftlichen Entwicklung insbesondere unter den jüngeren Frauen die Zahl der Autobesitzerinnen um einige Millionen und bis zu 22 Prozent steigen wird. Zum anderen ist schon seit den Urzeiten des Autos bekannt, daß Frauen beträchtlichen Einfluß auf den Autokauf nehmen.

Auch wenn sie unterschiedliche Gefühle und Ziele damit verbinden: Ihren sozialen Status machen Frauen wie Männer gern am Auto fest. Weitgehend desinteressiert an der Technik, wählen Frauen angeblich nach Augenmaß. Hauptsächlich die Ausstattung im Innenraum werde von ihnen bei der Wahl beachtet, glaubt man seit jeher zu wissen. So wurde etwa 1927, ebenfalls im *Motor,* festgestellt: „Das eigentliche Reich der ‚Sie‘ beginnt dort, wo sich die Fragen nach Ausstattung und nach modischem Geschmack einstellen" (Loewe, 1927). Männer überprüfen selbstverständlich technische Qualitäten.

Obwohl in dieser Zeit das Auto kein einkalkulierbares Serienstück war, nahm eine Frau an, „daß alle Motoren und Wagen selbstredend gut sein müssen, alle mehr oder weniger gleich leistungsfähig und unbedingt betriebssicher" (Loewe, 1927). Fahrerinnen vertrauen auch heute zu gern der hundertprozentigen Funktionstüchtigkeit von Technik - und sind deshalb oft genug enttäuscht.

Daß Frauen besser sehen als fahren können, diese Meinung vertrat man deshalb lange in der Fahrzeug-Branche. Nachdem sich immer mehr Frauen einen eigenen Wagen gekauft hatten, wurde seit den sechziger Jahren regelmäßig über das Frauenauto nachgedacht. Ganz offensichtlich nicht ernst genug, denn diesen Überlegungen folgten ebenso regelmäßig ein blamables Desaster und kostspielige Pleiten. Beispiel Chrysler: In den fünfziger Jahren wollte das amerikanische Unternehmen ein Sondermodell namens „La Femme" an die Frau bringen. Es wurde zum echten Ladenhüter, einen Dodge in Pink wollte keine haben, zumal sich die frauenspezifischen Details in einem farblich passenden Regenschirm und einem Schminkspiegel auf der Fahrerseite erschöpften. Ach ja, und ein Netz für die hochhackigen Pumps, die frau beim Fahren natürlich nicht tragen sollte, war an der Rücklehne des Fahrersitzes montiert.

Von ähnlich halbherzigen Versuchen ist in der Autogeschichte einiges zu lesen. Wie der „La Femme" wurde auch der Miss Mustang verschmäht oder die vielen anderen Modelle von Opel, Volkswagen, Ford, Peugcot oder Fiat. Autofahrerinnen lassen sich also nicht nur vom Äußeren eines Wagens blenden, wie oft unterstellt wird. Über die praktischen Details eines Autos wissen Frauen mehr, als Männer es wahrhaben wollen. Dazu die Ergebnisse einer Marktstudie von Mercedes Benz 1993: „Die deutschen Autofahrerinnen wissen tatsächlich mehr als die deutschen Männer über die praktischen Vorteile und Nachteile ihres Autos. Die Männer gelten jedoch nicht selten weiterhin bei den Frauen als kompetente Gesprächspartner und Berater für alles, was das Auto betrifft."

Auch wenn es ein spezifisches Frauenauto nicht geben kann, in einigen Details haben Autofahrerinnen das Produkt schon beeinflussen können. Die niedrige Heckklappe etwa, die sich zu Anfang der achtziger Jahre allmählich durchsetzte, ist auf ihre Transport- und Ladebedürfnisse zurückzuführen, außerdem die übersichtlichere Anordnung der Armaturen und Signalleuchten oder die in der Höhe verstellbaren Sitze. Das zeigt: Frauenwünsche sind menschliche Bedürfnisse und erleichtern auch den Männeralltag - nicht nur auf der Straße.

Richtig zufrieden sind Autofahrerinnen mit dem aktuellen Angebot dennoch nicht. Sie vermissen die Einheitlichkeit bei den Bedienungselementen, und es ist tatsächlich aus Sicherheitsgründen nur schwer nachvollziehbar, warum die Warnblinkanlage, der Lichtschalter oder der Türgriff bei jeder Automarke und in jedem Modell an einem anderen Ort sitzen müssen. Es würde die Arbeit von Pannenhelfern und Sanitätern erleichtern, wenn die Unternehmen hier auf Individualismus verzichteten. Autofahrerinnen verärgern ebenfalls drückende, scheuernde Gurte, die zudem schlecht sitzen und nicht überall auf die individuelle Größe eines Menschen eingestellt werden können.

Griffe und Schalter werden von Fahrerinnen oft als unhandlich beschrieben. In Kofferräumen fehlen oftmals nur einige Millimeter, um einen Kinderwagen platzsparend quer oder längs zu lagern. Und überdies sind Rückhaltesysteme für Kinder bei den meisten Marken und Modellen noch immer nicht fest integrierter Bestandteil im Fahrzeug, sondern müssen hinzugekauft werden. Mütter würden sich zudem freuen, wenn ein größerer Rückspiegel den Überblick im Fond verbessern und somit den notwendigen Augenkontakt zum Kind ermöglichen würde.

Die Mängelliste für Fahrzeugausstattung ist lang, und nur zum Teil läßt sich diese Unzufriedenheit der Fahrerinnen damit erklären, daß ihnen der Sinn für Sonderausstattung und Zubehör fehlt. Würden sie sich allerdings auch damit beschäftigen, womit sie ihren Wagen optimieren könnten, könnten sie im Zubehörhandel schon heute viele nützliche Teile finden, die das Fahren und Transportieren erleichtern oder ihre Sicherheit erhöhen. Totzdem: Die Forderungen sind berechtigt und würden dazu führen, daß Autos sicherer, praktischer und bequemer werden.

„Männer kennen die Probleme von Frauen nicht", erklärte sich die amerikanische Autodesignerin Chelsea Lau

in einem Zeitschriftenartikel 1992, warum so viele Frauenwünsche noch offen sind. Hintergrund ihrer Feststellung:
Autos werden weitgehend von Männern gemacht und sind
deshalb vor allem nach deren Bedürfnissen konzipiert. Das
gilt nicht nur für Komfort und Ausstattung, es gilt insbesondere für die Sicherheit. Wenn man sich vergegenwärtigt,
wo der angestammte Platz von Frauen in Familienkut-
schen war und ist, und wo die ersten Airbags installiert
wurden, dann wirft das schnell ein schlechtes Licht auf die
vornehmlich männlichen Autoentwickler. Ungeachtet
weiblicher und männlicher Bedürfnisse haben sie gegenüber Kindern deutlich gezeigt, wie verantwortungsvoll sie
mit Sicherheitsfragen umgehen. Erst Jahre nach der Einführung von Gurten und Anschnallpflicht wurden Sicherheits-
systeme für kleine Insassen entwickelt, zum allgemeinen
Standard und zur Serienausstattung gehören sie noch immer nicht.

Aus Kostengründen werden Crashtests überdies
meist nur mit männlichen Dummies oder kindlichen Puppen durchgeführt, obwohl bekannt ist, daß Frauen eine eigene Statur und einen anderen Muskelaufbau haben.
Sicherheitsgurte, Airbags und der gesamte Fahrzeuginnen-
raum sind daher auf einen männlichen Durchschnittskör-
per ausgerichtet.

Einen Mangel an Kenntnissen
über „Unfall - Toleranzen von Frauen"
beklagte dementsprechend der amerikanische Sicherheitsexperte Brian O'
Neill 1992 in der Zeitschrift *Times*. Er
ist Vorstand des *Insurance Institute
for Highway Security*, das Versiche-
rungsgesellschaften gegründet haben,
um durch eigene Forschung zur Auto-
und Fahrsicherheit beizutragen, aber
auch, um damit langfristig Kosten
dämpfen zu können. O' Neill ist sich sicher: „Wären die Dummies auch weiblich, ergäbe das Unterschiede in den
Fahrzeugausmaßen."

Selbst wenn sich diese nach
weiblichen Vorgaben änderten, ein spezifisches Frauenauto wird es nicht geben. Das empfinden viele Autofahrerinnen zu Recht als Diskriminierung. Was
Frauen stört, nervt meistens auch Männer. „Die Autos von
heute könnten morgen noch viel besser sein, wenn man
die Frauen nicht nur fragte, sondern auch auf sie hörte",

Dummies

Wie Ausstattung oder Karosserie die Sicherheit der
Insassen in einem Auto erhöhen, wird in Crashtests
untersucht. Dabei werden ferngesteuerte Autos mit
unterschiedlichen Geschwindigkeiten auf ein Hindernis gefahren. Sogenannte Dummies (engl. für Puppen) halten dann ihre künstlichen Knochen hin. Es
sind normierte Puppen: Der 50 Prozent-Mann ist
1,74 Meter groß, wiegt 75 Kilo und soll 50 Prozent
des menschlichen Durchschnitts repräsentieren. Da
95 Prozent der Männer größer sind, gibt es daneben
eine Puppe, die 1,87 Meter mißt und 102 Kilo schwer
ist. Fünf Prozent der Frauen ist kleiner als der Durchschnitt, ihnen entsprechen jene Dummies, die 1,50
Meter groß 47 Kilo auf die Waage bringen. Die
200.000 Mark teuren Puppen haben männliche Silhouetten: Brüste fehlen, auch die weichere Bauch-
decke von Frauen wird nicht berücksichtigt, ebenso
wie mögliche Schwangerschaften kein Thema der
Unfallforschung sind.

lautete 1993 das Fazit eines international besetzten Symposiums in Turin, auf dem von Fachleuten das Thema *Die Frau und das Auto* diskutiert wurde (Ostle, 1993).

Nur zögernd öffnet sich die Autoindustrie den Perspektiven, die von Frauen kommen. Viele Designerinnen und Ingenieurinnen glauben fest, daß sie mit ihren eigenen Erfahrungen andere oder neue Ideen einbringen, zumindest aber neue Lösungen für Autokonzepte liefern könnten.

Pläne für Neuwagen entstehen heute in der Zusammenarbeit von Designern und Technikern. In Zukunft werden - das ist schon abzusehen - die Stimmen der Gestalter größeres Gewicht bekommen. Denn auf ihrem Höhepunkt stehend und durch Sicherheitsnormen fast standardisiert, schafft nicht mehr Autotechnik den Unterschied zwischen Marken und Typen, sondern deren Aussehen und Design. Beides bringt die nötigen Akzente und Unterscheidungsmerkmale. Inzwischen beeinflussen und entwickeln Designer auch die Gesamtkonzepte eines neuen Fahrzeugs.

Diese Aufgabe wurde in der Vergangenheit vor allem Technikern überlassen, was oft genug zu nur halbherzigen Korrekturen von Fahrzeugtypen oder zu kosmetischen Verbesserungen führte. Statt Autowünsche und Fahrzeugtechnik einmal radikal infrage zu stellen, wurden nur Einzelteile optimiert. Mit ein Grund, warum die erfolgsgewohnte Autoindustrie Anfang der neunziger Jahre wirtschaftlich ins Schlingern kam: Sie hatte den Anschluß an neue Antriebstechniken verpaßt, aber auch den Kontakt zu Kundenwünschen verloren.

Angesichts der ökologischen Situation müssen heute Autos verlangt werden, die man stärker auf ihre Funktion hin entwickelt. Autos, bei denen man auf Motorenkraft achtete, und die deshalb auf imponierende Höchstgeschwindigkeiten von bis zu 300 Stundenkilometer gezüchtet wurden, berücksichtigen kaum die gegenwärtige Straßensituation und den Verkehrsalltag. Würde hingegen der Fahrspaß technisch wie gestalterisch von den hohen Geschwindigkeiten entkoppelt und statt dessen etwa mit der Ausstattung des Innenraums, mit dem individuellen Aussehen verbunden, wäre ein erster Schritt hin zu einem ökologisch verträglicheren Verkehr getan.

Das sind jedoch Forderungen, die eine Kooperation von Ingenieuren und Designern bedingen, bei der vor allem Frauen einbezogen werden sollten. Sie sehen Autos schon so, wie sie gesehen werden sollten: pragmatisch-vernünftig oder emotional-liebevoll als Freund, der sich nicht immer beweisen muß. Sie sind eher als Männer in der Lage, das Auto radikal zu hinterfragen und ihm damit neue Perspektiven zu schaffen.

Die Fahrzeug-Designerin Anne Asensio, die im Auftrag von Renault Zukunftsstudien und Großraumwagen entwickelt, verbindet die Chance neuer Anstöße von Frauen nicht nur mit geschlechtsspezifischen Elementen. Sie hat sich der Familienfreundlichkeit verschrieben und legte mit ihrem Konzept Scenic 1991 den ersten variablen Großraumwagen vor - ein Modell, das in den letzten Jahren die Autoszene um einen Typen, den Van, bereichert hat, und eine Idee, die von vielen kopiert wurde. Statt in männliche und weibliche Ansatzpunkte der Gestaltung unterscheidet sie lieber in Designer, die Erfahrungen mit Kindern haben, und solchen, denen diese fehlen. Anscheinend mußten erst die Mütter unter den Designern auftauchen, um die Bedürfnisse kleiner Mitfahrer in Fahrzeugkonzepten zu integrieren.

Bisher haben nur wenige Frauen Zugang zu den Karosserieabteilungen der Autohersteller. Teils aus mangelndem Interesse, teils aufgrund von Diskriminierung sind bei der Entwicklung neuer Fahrzeugkonzepte nur selten Designerinnen, aber auch Ingenieurinnen am Werk. Geht es um die Gestaltung von Fahrzeugen, zeichnen sie insbesondere dort verantwortlich, wo Ideen für Ausstattung, Farben und für den Innenraum gesucht werden. In Bereichen zwar, die zunehmend wichtiger werden müssen, die aber durchaus als traditionell weiblich gelten können. Schließlich war es schon immer die Aufgabe der Frauen, es anderen behaglich, bequem oder gemütlich zu machen.

Ideen, Formen, Gestalten

Die Design-Abteilungen der Autohersteller haben sich in den letzten Jahren von reinen Konstruktionsstudios, in denen Techniker die Vorgaben für Gestalter schrieben, zu eigenständigen und hochspezialisierten Bereichen gemausert. Das liegt daran, daß sich Antriebstechniken nur noch in kleinen Schritten weiterentwickeln können. In diesem Bereich ist die Zeit der revolutionären Erfindungen vorbei; Industrie- und Sicherheitsnormen haben zusätzlich dazu beigetragen, daß sich Automobile in technischer Hinsicht zum Verwechseln ähneln. Damit gewann das Design an Bedeutung: In der Gestaltung von Karosserie und in der Austattung des Innenraums gibt es heute jene Details, die Marken zu Marken und Autotypen zu Typen machen.

97

Wie andere auch ist der Automarkt ein Geschäft mit unterschiedlichsten Zielgruppen und entsprechend unterschiedlichen Wünschen. Die dynamischste Kaufgruppe, von der sich die Industrie die größten Wachstumsraten erwartet, sind derzeit die Frauen. Nicht nur deren Wünsche haben in den letzten Jahren zunehmend die Designabteilungen beschäftigt. Diese erhalten heute die nötigen Anhaltspunkte über Kundenwünsche oder Verbesserungen von den Marketingstrategen und entwickeln danach Verschönerungen oder eigene Konzepte für Karosserie, Innenraum und Materialien.

Dabei wird ihnen meist ein enger Rahmen aus technischen Vorgaben (Motorengröße, Tankvolumen u.a.m.), finanziellen Möglichkeiten, Materialien und Industrienormen gesteckt. Während sich Ingenieure um Antriebstechniken, Elektronik oder Materialien kümmern, entstehen parallel dazu die Silhouette des Wagens und die Formen aller Teile. Entwicklungs- und Designabteilungen arbeiten dafür Hand in Hand. Um das Aussehen von Karosserien bemühen sich die sogenannten Exterieur-Designer, während die Interieur-Designer für die Ausstattung des Innenraums zuständig und dabei mit einer weiteren Gestaltungsgruppe - dem sogenannten Colour und Trim oder Farbe und Ausstattung - kooperieren, die Vorschläge für Lackfarben, Materialoberflächen, Stoffmuster und Textilien erarbeitet.

Vor allem in den beiden letztgenannten Abteilungen tummeln sich heute die Frauen. Ihr Geschmack in punkto Farben und Stoffe soll angeblich treffender sein als der von Männern. Allerdings meinen Kritiker, daß auch im Autodesign weibliche Ideen diskriminiert und auf die urtypisch weiblichen Interessen geleitet wird. Tatsächlich bemängeln Designerinnen der Karosserieabteilungen, daß sie über die Maßen kritisiert und kontrolliert werden. Wie den Ingenieurinnen fällt es auch Designerinnen schwer, sich als Außenseiter durchzusetzen. Ihre Fähigkeiten werden, weil sie oft genug ungewohnte Forderungen an Problemlösungen formulieren, verkannt. Verantwortung bekommen Karosseriedesignerinnen selten übertragen. So berichteten Designerinnen davon, daß Gestaltungsaufgaben, die normalerweise nur von einem betreut werden, sicherheitshalber doppelt vergeben wurden, waren auch Frauen damit beauftragt. Sie kritisieren außerdem, daß ihre Anregungen für Neuerungen nicht ernst genug genommen werden und daß ein Verständnis für die Wünsche weiblicher Kundschaft nicht besteht, geschweige denn gefördert würde.

Ignoranz gegenüber Ideen und Entwürfen ist möglicherweise eine Ursache für den Frauenmangel in den Karosserieabteilungen des Designs. Eine weitere, und sicher auch die relevantere, ist, daß der Einstieg aus anderen Gestaltungsbereichen in die Abteilungen Farbe und Ausstattung oder Interieur leichter möglich ist. Hier kommen Textil-, Mode- oder Möbeldesigner zum Einsatz, und erfahrungsgemäß sind dies die klassischen Designaufgaben, für die sich Frauen interessieren. Auf den wenigen Akademien und Hochschulen, die Auto- oder Transport-Design anbieten, sind nur wenige Frauen zu finden: Auto- und im speziellen Karosseriedesign als Beruf - diese Möglichkeit kennen aber auch nur wenige Frauen.

Ein Wandel ist dennoch an den Hochschulen erkennbar: Während ältere Designerinnen meist nur zufällig auf die Autoindustrie aufmerksam wurden und als Seiteneinsteiger zu bezeichnen sind, entscheiden sich inzwischen die jüngeren bewußt für diese Branche. Als Herausforderung für ihre Zukunft betrachten sie die ungewisse Perspektive für das Auto, Umweltaspekte oder dringend ausstehende Mobilitätskonzepte.

Frustrationen sind wie in allen Berufen vorprogrammiert. Autodesign erfordert vom Neuling einen extremen Anpassungsprozeß. Die Kreativität von Einsteigern wird nach und nach auf markentypische Formen gelenkt, zudem müssen sich Anfänger an ein Denken im Kleinen gewöhnen. Während sie auf Universitäten, Fachschulen und Akademien dazu angehalten werden, in gesamten Konzepten zu denken, Autos auf Ansprüche und Verkehrssituationen hin zu gestalten sowie in einem Exposé auch Angaben für taugliche Materialien und entstehende Kosten zu machen, werden sie später an ihrem Arbeitsplatz in der Industrie vor allem mit Aufgaben für Details betraut. Sie entwickeln nur Felgen oder nur Außenspiegel oder nur Autogriffe oder nur Sitze oder nur Rücklichter oder nur Kotflügel - und müssen wohl oder übel lernen, sich und ihre Arbeit als Teil eines großen Ganzen zu verstehen.

Eine Situation, die nicht nur junge Designer frustriert, sondern einen generellen Mangel in der Autoindustrie aufzeigt. Frederic Vester bemängelte 1990 in seiner Auto-Kritik *Ausfahrt: Zukunft* eine eindimensionale Sichtweise der Autoindustrie. Probleme würden zerlegt, in verschiedenen Fachabteilungen diskutiert und könnten deshalb nicht in Perspektiven für ganzheitliche Lösungen münden. Tatsächlich ist in den vergangenen Jahrzehnten eigentlich kein großer Fortschritt in Sachen Automobiltechnik oder Autodesign zu erkennen. Neue Modelle stellen sich in techni-

99

scher wie auch in gestalterischer Hinsicht als Varianten von schon vorhandenen Serienfahrzeugen dar. Schönheitsreparaturen, sogenannte „Face Liftings", beherrschen vor allem das Bild: Ein Mangel, der die Weiterentwicklung des Autos hemmte und die Industrie auch wirtschaftlich in die Krise führte.

Den Experten für individuelle Mobilität fehlt es an Visionen für die Zukunft. Kritikern haben sie nur wenig entgegenzusetzen. Offensichtlich wurde das Dilemma beispielsweise bei der Präsentation der S-Klasse von Mercedes Benz Anfang der neunziger Jahre. Sogar die Fachpresse kritisierte trotz aller technischen Glanzleistungen die Anachronismen des Modells: Das Auto sei viel zu schwer, zu groß, es verbrauche viel zu viel Kraftstoff und passe deshalb nicht in die Gegenwart.

Auch auf die Diskussion um verbrauchsärmere Wagen oder das Drei-Liter-Auto ließen sich die Hersteller nur zögernd ein. Realistische Konzepte für mögliche leichte Kleinwagen fehlen deshalb eigentlich oder wurden von Außenseitern und kleinsten Unternehmen wie Hotzenblitz im Schwarzwald oder Horlacher in der Schweiz erbracht.

Die Innovations-Krise der Autoindustrie ist jedoch eine Herausforderung für Designer. Das beweisen jene Zukunftsstudien, die in speziellen Entwicklungslaboren der Firmen entstehen, meist aber nur auf Autoschauen faszinieren und leider nur selten realisiert werden. Es sind Konzepte, wie sie Kritiker fordern: ganzheitlich auf eine Problemstellung oder auf eine Zukunftsvision hin entworfen, orientiert an Zukunftsszenarien oder Prognosen aus Marktanalysen, Wissenschaft und Technik. Im Ganzen sind es die Antworten kreativer Köpfe auf gegenwärtige Verkehrs - Probleme.

Autodesign wird sich deshalb in den kommenden Jahren stärker mit der Aufgabe beschäftigen müssen, ganzheitliche Modelle zu erarbeiten und diese in Ideen für eine sinnvollere Organisation von Mobilität einzubetten. Das bedingt auch eine Umstrukturierung der Entwicklungsabteilungen: Anstatt die Gestaltung an der technischen Entwicklung zu orientieren, müßte sich die Technik nach den Konzepten von Designern richten. Daraus könnte entstehen, was die beiden Unternehmensberater Roland Berger und Hans-Gerd Servatius 1992 in ihrem Buch *Die Zukunft des Autos hat erst begonnen* als innovationsträchtiges „Purpose Design" beschreiben: als Gestaltung, die vorschlägt, einen Blick nach vorne richtet und „speziell auf die jeweiligen konkreten Funktionen, die das betreffende Automobil zu erfüllen hat, ausgerichtet" wäre.

100

Während dieser Umstellung könnten Frauen eine Vorreiterrolle einnehmen. Gewährleistet ihre Präsenz in den Entwicklungsabteilungen doch eine Erweiterung von Erfahrungen und Forderungen. Das haben inzwischen auch jene Designer und Ingenieure erkannt, die mit Frauen zusammenarbeiten. Sie stellten andere Fragen, gingen an Probleme anders heran und fänden mit neuen Wegen oft auch neue Zwischenlösungen, heißt es dort.

Frauen sind aufgrund von Erziehung und Sozialisation eher in der Lage, das Auto radikal in Frage zu stellen und deshalb neue pragmatischere Ansatzpunkte für Entwürfe zu liefern. Das gilt ebenso für Ingenieurinnen, Chemikerinnen, Technikerinnen und Mechanikerinnen. Die Unternehmen sollten sich deshalb eine gezielte Frauenförderung zur Aufgabe machen. Wie auch die Frauen sich neuen Forderungen stellen sollten. Noch fehlt an Technischen Universitäten, Fachhochschulen oder in den Werkstätten der weibliche Nachwuchs. Deshalb ist leider zu erwarten, daß Frauen wieder einmal nicht beteiligt sein werden, wenn es um die Gestaltung der (automobilen) Zukunft geht.

Claudia Zacherl

„Der Wunsch, ein individuelles Auto zu fahren, wird immer größer", stellt Claudia Zacherl fest. Bei Audi in Ingolstadt entwickelt die diplomierte Farbberaterin zusammen mit vier weiteren Frauen und einem Mann die Nuancen von neuen Autolacken, Stoffen, Leder und deren Muster. Dafür arbeitet die Colour and Trim-Gruppe eng mit den Karosserie- und Innen-Designern des Unternehmens zusammen. Werden die ersten Ansichtsmodelle und Details in Plastillin ausgeformt, brütet Claudia Zacherl schon längst über passende Farbkombinationen und spielt mit Farbkarten und Stoffmustern: „Die Entwicklung verläuft parallel", erklärt Claudia Zacherl. „Wir können schon in einem frühen Stadium Einfluß auf ein neues Auto nehmen und Kritik üben."

Wie Kleidung oder Möbel folgen auch die Farben von neuen Autos den herrschenden Modetrends - und das, obwohl neue Fahrzeuge im Verlauf von mehreren Jahren entwickelt werden. Claudia Zacherl - wie alle ihrer Kolleginnen - muß deshalb ihrer Zeit weit voraus sein und wissen, welche Farben in zwei oder drei Jahren hip, trendy oder in sein werden. Bei Lackfirmen, Webereien oder auf Messen lassen sich Ideen finden, Routine und Erfahrung tragen ebenfalls ihren Teil zum Trend-Geschmack der Autozukunft bei, und schließlich liefert die Marketingabteilung von Audi immer wieder Kundenwünsche und Umfrageergebnisse an. Das alles fließt in die tägliche Arbeit mit ein, außerdem persönliche Eindrücke, Erinnerungen und Empfindungen. Die Auswahl von Farben und Harmonien ist jedoch nur ein Teil der Aufgaben von Claudia Zacherl. Noch mehr ist die gelernte Werkstoffprüferin damit beschäftigt, in welchen Materialien die ausgesuchten Farben oder Dekore am besten wirken und die „Inneneinrichtung" des Neuwagens einmal geformt werden wird. Dabei spielen Fragen der Sicherheit, Verträglichkeit oder Bequemlichkeit eigentlich die noch größere Rolle als Schönheit; beiden Ansprüchen genügen zu können - das ist die Kunst von Claudia Zacherl und ihrem Kollegenteam. Auch bei diesen Fragen kooperiert die Fachgruppe eng mit den anderen Designabteilungen des Werkes und mit möglichen Zulieferern, Claudia Zacherls Erfahrungen als Werkstoffprüferin bilden für die richtige Materialwahl die technische Basis.

Weil es Autoherstellern natürlich zu teuer ist, Flops in Serie zu fertigen, wird die Entwicklung eines neuen Modells begleitet von intensiver Marktforschung und Kundenbefragung. So müssen auch die Entwürfe und Kreationen der Abteilung Colour and Trim regelmäßig den Urteilen künftiger Kunden standhalten. Claudia Zacherl kann sich sicher sein, daß sie ein gutes Auge für Trend und Geschmack hat - nicht nur aufgrund ihrer Erfahrungen. Ihrer Meinung nach fällt es Frauen ohnehin leichter, sich auf mögliche Kundenwünsche einzustellen. Sie sagt: „Im farblich-textilen Bereich sind Männer nicht so sensibel, und sie haben größere Schwierigkeiten, sich in die Wünsche von Kunden einzufühlen." Als Bei-

spiel führt die Farbberaterin die Präsentation eines neuen Cabrios vor Kundinnen an. Hatten die männlichen Kollegen damals noch gewettet, diese würden sich hauptsächlich auf die bunten, schrillen Ausstattungen stürzen, sie wurden schnell eines besseren belehrt. Die Testdamen wählten dezente, eher kühle Farben und sportlich-grafische, zeitlose Muster - ein Ergebnis, das die Frauen des Teams vorausgesagt hatten. Die Wahl des Fahrzeugs sei geprägt von Stimmungen und Gefühlen, meint Claudia Zacherl außerdem, aber auch vom kleinen Unterschied: Statistiken belegen ebenfalls, daß Frauen gerne zu Türkis greifen, Männer dagegen eher zu Pupur, Orange-Tönen oder auch zu teuren Perlmutt- und Sonderlackierungen. „Männer möchten mit dem Auto auffallen", erklärt sich die Farbberaterin diese Wahl. Doch egal, ob Mann oder Frau: Beide wollen ihre Ansprüche auch beim Autokauf befriedigt wissen. Weshalb bei einer Automarke nicht nur die Auswahl von unterschiedlich großen Modellen oder Motorisierungen groß ist. „Es muß in der Modellpalette ein möglichst vielseitiges Farbspektrum vorhanden sein", beschreibt Claudia Zacherl die Weite ihres Aufgabenfelds. Sie beschäftigt sich deshalb vor allem mit Menschen und ihren Wünschen: künftigen Zielgruppen eben, die mit Lack- und Stoff-Farben gelockt werden sollen. Und so steht täglich die Frage unausgesprochen im Studio: Welche Käufer lassen sich über welche Farben neu für Audi gewinnen?

Für ihre Arbeit ist Claudia Zacherl gut vorbereitet, auch wenn sie anfangs die Designabteilung nicht unbedingt als Berufsziel vor Augen hatte. Der Ingolstädterin war nach der mittleren Reife klar: Ihr Beruf sollte eine technische Ausrichtung haben. Beim größten Arbeitgeber vor Ort, bei Audi, gab es viele Möglichkeiten. Claudia Zacherl ließ sich ab 1979 zunächst zur Werkstoffprüferin ausbilden. „Es war eher eine rationale Entscheidung", erinnert sie sich. Aber auch eine, die sie bisher noch nie bereut hat.

Um die Möglichkeiten und Verarbeitungswege von unterschiedlichsten Materialien kennenzulernen, verbrachte sie die erste Zeit ihrer Lehre auch in den Werkstätten, in denen die Metallteile gefertigt wurden. Eine Männerdomäne: Weibliche Auszubildende waren eine Rarität und Claudia Zacherl in ihrer Gruppe das einzige Mädchen. Erst im zweiten Lehrjahr, als sie auch in anderen Abteilungen und Werkstätten beschäftigt war, konnte sie sich mit Kolleginnen austauschen. Sie teilte deren wichtigste Erfahrung: „Mädchen haben es schwerer und müssen oft mehr wissen als ihre männlichen Kollegen", wie Claudia Zacherl dies knapp auf einen Nenner bringt, und sich mit einem

Lächeln an die manchmal überkritischen Blicke ihres Meisters erinnert.

1988 wechselte die Werkstoffprüferin ins Designstudio von Audi. Seither ist sie in der Abteilung Colour and Trim zuständig für den technischen Part der Entwicklungen, stellt für Innenausstattungen mögliche Materialien zusammen, sucht nach neuen Stoffen, die Qualitäts- und Sicherheitsansprüchen genügen, aber auch nach den Möglichkeiten, diese einzufärben. Ein Aufstieg und eine Aufgabe, für die sie eine weitere Ausbildung gern in Kauf nahm. Drei Jahre lang besuchte sie Kurse und Seminare, lernte darin alles über die psychologische Wirkung von Farben, aber auch, wie diese für unterschiedliche Materialien zusammengesetzt werden, schließlich beschäftigte sie sich noch mit einen Stück Zeitgeschichte. In ihrer Diplomarbeit untersuchte die Farbberaterin „25 Jahre Automobil-Farbgeschichte bei Audi", ein Thema, das eng auch mit der Entwicklung des Fachbereichs Colour and Trim bei den Autoherstellern verknüpft ist. Er ist schließlich noch ein relativ junger Bereich in der Autoindustrie, der erst in den vergangenen Jahren an Eigenständigkeit wie an Einfluß gewonnen hat.

Wie stark heute diese Abteilung auch auf Modellpaletten wirkt, zeigt eine Initiative, die Claudia Zacherl und ihre Kolleginnen vor ein paar Jahren ergriffen und die im Werk wie auch unter den Autokäufern für Aufsehen sorgte: eine Resonanz, die nicht nur positive Stimmen enthielt. Denn wie überall polarisieren Farben und damit Geschmacksrichtungen die Massen. Eine beabsichtigte Wirkung: Die Gruppe wollte Individualisten ansprechen und ihnen die Möglichkeit geben, sich ein Fahrzeug auch farblich nach eigenem Geschmack ausstatten zu können. Dazu wurde Anfang der neunziger Jahre eine Reihe von Sonderfarben erdacht, die seit 1994 auf der Straße zu sehen sind. Die erste Serie - ungewöhnliche Pastelltöne wie Ginstergelb, Pelikanblau und Tropicgrün - wurde stark beachtet, verkaufte sich gut - und gab den Anstoß, weitere Sonderfarbenreihen zu entwickeln. Die nächste erscheint in Kürze, und die Farbberaterin Claudia Zacherl, die persönlich bunte, verrückte Dinge mag, sitzt mit ihren Kollegen längst über denjenigen, die erst in einigen Jahren zu bewundern sind. „Wir denken, das war ein neuer und interessanter Ansatz für Audi, um auf Kunden besser eingehen und die Wettbewerbsfähigkeit steigern zu können", sagt Claudia Zacherl.

Sabine Zemelka

Ähnlich wie Claudia Zacherl bei Audi setzt auch Sabine Zemelka bei BMW auf die Individualisten oder Trendsetter unter den Autokäufern. Die studierte Industriedesignerin verantwortet in München das Farb- und Materialdesign von BMW. Sie leitet ein Team von zehn Designerinnen und Designern, die Entwürfe für die Innenausstattung vorlegen. „Wir arbeiten an den Materialien und Oberflächen aller Teile", präzisiert Sabine Zemelka die Arbeit ihres Teams. „Da ist jede Menge Technologie dabei, wenn wir festlegen, welchen Griff oder welche Struktur zum Beispiel Leder, welches Profil Kunststoffe, welche Dessins Stoffe erhalten sollen."

Eine Arbeit, die sich allerdings nur schwer vermitteln läßt. Die Gruppe um Sabine Zemelka beschäftigt sich schließlich nicht mit den Formen von Schaltknüppel und

Knöpfen, mit deutlich sichtbaren Veränderungen also. Die Arbeit von Sabine Zemelka und ihrem Team wirkt subtiler und ist für Außenstehende oft kaum zu erkennen. Hand aufs Herz: Wer macht sich schon Gedanken, wie ein Stoff gewebt, ein Leder geprägt oder ein Kunststoff bearbeitet wurde? Normalerweise streicht man über Sitze und Armaturen und freut sich, wenn sie griffig, glatt, glänzend oder rauh sind. Daß der Verlauf einer Ledernarbe das Ergebnis langwieriger gestalterischer Prozesse ist, ebenso wie Muster, Webarten oder Farben, machen sich die wenigsten Autokäufer bewußt.

Doch nicht nur die Innenausstattung ist das Produkt langwieriger gestalterischer Prozesse und Entscheidungen. Persönlichkeit ist dabei gefragt, Erfahrung, Routine und Kenntnisse: „Einzelne Ideen kommen aus meinem Leben", meint Sabine Zemelka. „Ich gehe gerne ins Theater, in die Oper, in Ausstellungen - und später habe ich dann vielleicht eine Farbidee. Aber diese Prozesse lassen sich nicht beschreiben." Wohl auch deshalb nicht, weil sie in der Gruppe, durch gemeinsames Nachdenken, Assoziieren und Diskutieren entstehen. In die praktischen Überlegungen zu Materialien fließen Erfahrungen von Messen oder Informationen von Lieferanten genauso ein wie Aspekte der Sicherheit, der Bequemlichkeit oder aber Kostenfaktoren und Qualität.

„Gestaltung und Ausstattung sind das Thema der Zukunft", prognostiziert Sabine Zemelka für ihr Fach. „Allein die Tatsache, daß sich das Personal Line-System bei BMW durchgesetzt hat, zeigt, wie wichtig Farbe und Ausstattung geworden ist." Den Autounternehmen ist allmählich bewußt geworden, wie stark sich Käufer vom Aussehen des Wageninneren und seiner Ausstattung leiten lassen. Dementsprechend hat sich die finanzielle Ausstattung der Abteilung Farbe und Ausstattung sehr verbessert. Die aktuelle Verkehrssituation zeigt, wie zwingend diese Verlagerung der Interessen ist und war. Die Zeit, die durchschnittlich im Auto verbracht wird, nimmt stetig zu. Da ist es nur eine logische Folge, wenn man sich wohlfühlen will, wo man lange - oft genug auch gezwungenermaßen - sitzt.

Ein Wunsch, der Sabine Zemelka Herausforderung und Motivation bedeutet. Mit ihrem Team entwickelte sie die Ausstattungslinie „Personal Line". Deren Merkmale: hochwertige Materialien für Sitze, Ablagen und Amaturen, kombiniert mit diversen Farben für unterschiedliche Geschmacksrichtungen. Der Kunde kann sich „sein" Auto individuell zusammenstellen, mit Farben, Mustern, Stoffqualitäten oder Leder spielen, sich so trotz Großserien-Fertigung der Branche vom Durchschnitt abheben und seiner Persönlichkeit und seinem Geschmack einen Ausdruck geben.

Das Personal Line-Programm ist ein Bestseller von BMW. Ähnlich viel Anklang und Beachtung hatte auch der Z1 gefunden, die erste Arbeit von Sabine Zemelka für BMW. Nicht nur die Fachpresse lobte diesen Wagen wegen seiner gelungenen Ausstattung.

Dabei ist die Industriedesignerin Zemelka eine echte Seiteneinsteigerin. Nach dem Studium an der Fachhochschule von Aachen hat sie sich unter anderem auf die Gestaltung von Arbeitsplätzen konzentriert, nebenher noch an der Universität Seminare in Kunstgeschichte und Sozio-

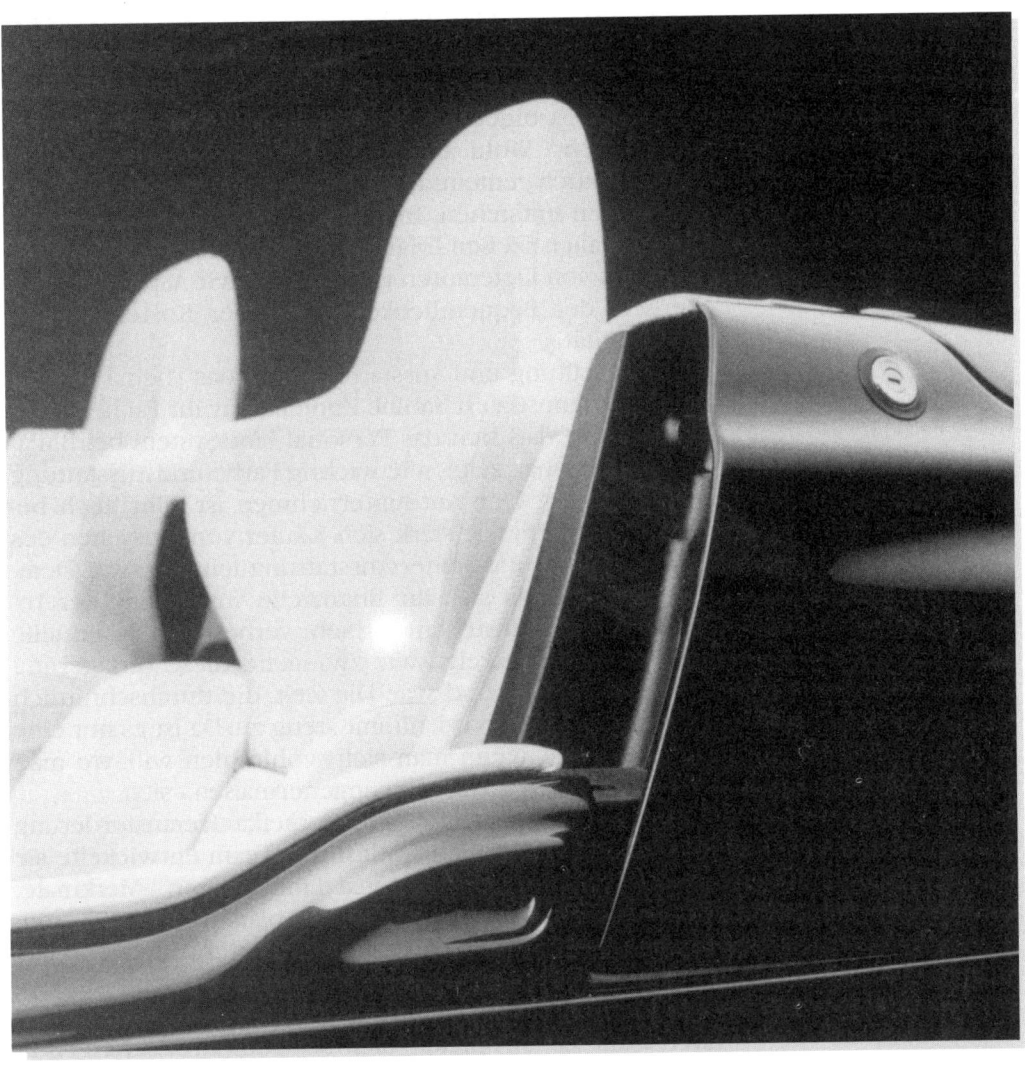

logie belegt. Wie viele ihrer Kollegen verschwendete sie damals kaum einen Gedanken an die Innenausstattung von Autos, geschweige denn, daß sie die Fahrzeughersteller als möglichen Arbeitgeber sah. „Ich hatte immer eine große Affinität zum Auto", stellt die Designerin trotzdem fest. „Ich bin immer gern gefahren."

1977 landet Sabine Zemelka in der Designabteilung von Audi. Der Zufall und eine Empfehlung von Freunden hatten dazu beigetragen, daß sie das Metier wechselte. Die damals 27jährige dachte fortan darüber nach, mit welchen Stoffen Autositze überzogen werden sollten. Sie entwarf Muster und eigene Dessins, nach ihren Angaben wurden Textilien hergestellt, bekamen Lederhäute einen speziellen Griff, wurden Lacke gemischt. „Damals hatten Farbe und Ausstattung längst nicht den Stellenwert, den sie heute haben", erinnert sich Sabine Zemelka. Nur langsam und in kleinen Schritten konnten sich auch in anderen Unternehmen die Designer durchsetzen und Colour and Trim zu dem hochspezialisierten Bereich entwickeln, der er heute ist. „Ich gehöre mit zu den Leuten, die erkannt haben, wie wichtig die Innenausstattung werden würde", meint Sabine Zemelka und will das beileibe nicht als Eigenlob verstanden wissen: „Just in time zu sein, Tendenzen zu erkennen und sie zu bearbeiten, das ist eben mein Job. Und ich glaube, das ist mir in der Vergangenheit ganz gut gelungen."

Nach einigen Jahren bei Audi wechselte Sabine Zemelka nach München zu BMW. Sie übernahm dort innerhalb der Entwicklungsabteilung die Leitung eines kleinen Teams, das inzwischen gewachsen ist. Mit der größeren Verantwortung veränderte sich auch der Arbeitsplatz. Statt am Reißbrett oder am Zeichentisch zu entwerfen, ist die Designerin heute vor allem mit Management-Aufgaben betraut. Sie koordiniert die Arbeit eines Teams, beeinflußt und fördert Ideen, verwaltet Kosten und Bürokratie, verhandelt mit Lieferanten und Materialherstellern, organisiert die Zusammenarbeit mit anderen Abteilungen. Die Verschiebung der Aufgaben hat dem Spaß an der Arbeit keinen Abbruch getan, auch wenn diese Privatleben, Kraft und viel Zeit kosten. Im Gegenteil: „Ich denke, es ist die Begeisterung, die mich und meine Leistungen trägt, und nicht die Möglichkeit, Karriere zu machen. Das Auto stellt hochinteressante Problemstellungen an einen Designer."

Um sie zu lösen, läßt sich Sabine Zemelka auch von ihrer Weiblichkeit leiten. „Frauen sind andere Menschen als Männer", sagt sie und stellt fest, daß dies allgemein eine Bereicherung von Perspektiven bedeutet. In ihrem Alltag hat die Designerin beobachtet, daß Kolleginnen bei Diskussionen andere Fragen stellten, um Aufgaben zu lösen. Sie kamen entsprechend über neue Wege zu kreativen Lösungen. Bisher unbeachtete Bedürfnisse von Kunden wurden thematisiert und konnten befriedigt werden. Nicht daß dies das Produkt Auto grundsätzlich verändert habe, stellt Sabine Zemelka klar, doch würde heute Details Beachtung geschenkt, die früher vernachlässigt oder gar übersehen wurden.

„Es genügt nicht, gute Autos auf den Markt zu bringen. Der Käufer muß darin auch seine Lebenswelt wiederfinden," sagt Sabine Zemelka. Eine mögliche Lebenswelt ist die der Frauen, eine andere die der Männer, und nebenbei ergeben sich viele weitere über die Geschmacksmerkmale, Persönlichkeiten und Erfahrungen möglicher Käufer. Und weil diese Lebensstile auch in Zukunft nach neuen Ausdrucksweisen suchen werden, hat Sabine Zemelka mit ihrem Team noch viele spannende Aufgaben zu lösen: Hauptsache individuell, elegant - und schön.

Aina Nilsson

Auch Aina Nilsson ist davon überzeugt, daß Frauen in der Autoindustrie mehr arbeiten, sich stärker engagieren und ein größeres Interesse für ihre Arbeit zeigen müssen. Entsprechende Erfahrungen hat sie genügend gesammelt, zunächst beim schwedischen Autohersteller Saab, wo sie für die Innenausstattung verantwortlich war, seit 1994 bei Volvo, wo sie jene Gestaltungstruppe anleitet, die neue Konzepte für Lastwagen erarbeitet. „Ich habe lange im Interior-Bereich gearbeitet", kommentiert sie ihre Laufbahn. „Lastwagen haben mich immer interessiert, sie sind im Gegensatz zu Personenwagen nicht als Prestigeobjekt gestaltet, sondern als Arbeitsplatz. Menschen sitzen tagtäglich in ihrem Lastwagen und verbringen dort Stunden. Das ist eine vollkommen neue Herausforderung für mein Wissen und meine Karriere."

Die begann 1976 nach einem Produkt-Design-Studium in Stockholm und führte stetig nach oben. Autodesign war anfangs nicht das erklärte Ziel der damals 23jährigen, auch wenn Aina Nilsson sich damals in ihrer Freizeit oft mit Autos beschäftigte, an Motoren schraubte und begeistert Rallyes fuhr. Eines wußte die angehende Designerin sicher: Sie wollte im Team arbeiten. Da blieb in Schweden nur eine Möglichkeit, wie sie meint: „Saab war damals ei-

ner der wenigen großen Firmen in Schweden, die viele Produktdesigner beschäftigen konnten."

Ihre Bewerbung beim Autohersteller war begleitet von schönsten Erinnerungen. Als Kind hatte Aina Nilsson die Welt mit einem Saab erkundet, mit ihrem Vater, dem Förster, war sie damals durch die Wälder gefahren. Das regelmäßige Summen des Motors, die vertrauensvolle Stimmung und die vorbeifliegende Landschaft - in der Erinnerung verband Aina Nilsson den Namen Saab mit Sicherheit, Geborgenheit, Zuversicht. Die positive Stimmung wurde nicht enttäuscht, 18 Jahre lang hielt die Produkt-Designerin dem Autohersteller die Treue.

Mit der Routine wurde auch die Verantwortung größer. Zuletzt verantwortete Aina Nilsson die gesamte Innen-Gestaltung bei Saab, prägte die Linie der Modelle und betreute innerhalb der Design-Abteilung, die insgesamt 35 Personen umfaßte, ein Team aus sieben Innendesignern. „Jeder konnte Einfluß nehmen, die Dinge verändern und in bestimmte Richtungen lenken", erinnert sich die ehemalige Chefdesignerin an das Arbeitsklima. „Wie das neue Auto auszusehen hatte, das wurde niemals von oben verordnet."

Seit 1994 leitet Aina Nilsson als Alleinverantwortliche die neuen Lastwagen-Projekte von Volvo. Ein Team von 20 Frauen und Männern folgt ihren Anregungen. Sie sucht jene Firmen aus, die Teile und Komponenten der entstehenden Neufahrzeuge entwickeln und liefern sollen, kontrolliert die Finanzen und stimmt die Arbeiten ihrer Abteilung mit denen der anderen Bereiche ab. Nach einer zweijährigen Einarbeitungsphase betreut sie diese Aufgaben nun in den Vereinigten Staaten, wo Volvo eine eigenes Unternehmen betreibt.

„Natürlich habe ich Männer getroffen, die Probleme hatten, mit mir zu arbeiten", sagt Aina Nilsson. „Aber das kann einem Mann genauso passieren." Die üblichen Vorbehalte von Kollegen hat sie kennengelernt, aber auch die gegenüber einer Frau. Sie weiß inzwischen, was es bedeutet, in einer ausgesprochenen Männerdomäne zu arbeiten und Karriere zu machen: „Die Tatsache, daß sich eine Frau entscheidet, einmal nicht Krankenschwester oder Verkäuferin zu werden, sondern einen technischen und von Männern dominierten Beruf zu ergreifen, setzt schon einen enormen Willen und Durchsetzungsvermögen voraus," meint sie. Dank des mit den Jahren gewachsenen Selbstbewußtseins und ihres Könnens hat sich Aina Nilsson durchgesetzt. „Ich mache meinen Job, so gut ich kann, und ich glaube, ich habe etwas zu geben", stellt sie sachlich fest.

Darauf angesprochen, wie sie sich die Zukunft des Autos vorstellt, antwortet sie: „Wir kommen allmählich auf die einfachen, logischen Dinge zurück." Bei Saab setzte sie auf praktische Lösungen und auf Funktionalität. Den Schwerpunkt ihrer Arbeit legte sie jedoch auf die Sicherheit von Fahrer und Passagieren. Kindersicherungen, Sicherheitssitze oder Rückhaltesysteme bekamen äußerste Priorität. Eine Wertschätzung, die sicher auch durch ihren Arbeitgeber geprägt wurde. Saab ist bekannt für ein außerordentlich hohes Sicherheitsniveau und die gute Verarbeitung der Ausstattung.

Für ihre neue Aufgabe hat sie sich vorgenommen, Schubladendenken aufzubrechen, Techniker, Designer, Konstrukteure und Zulieferer an einen Tisch zu bekommen und mit ihnen gemeinsam zu planen. „Es ist wichtig, interdisziplinär zu arbeiten und über notwendige Funktionen übergreifend nachzudenken", sagt sie. Sie kann sich dabei auf ein Team verlassen, in dem sich die unterschiedlichsten Erfahrungen und Ausbildungen sammeln. „Frauen fällt es leichter, übergreifend zu denken", meint sie. „Sie werden durch ihre Erziehung schon früh daran gewöhnt."

Vom Personenwagen zum Lastauto - das bedeutete nicht nur die Umstellung auf einen neuen Arbeitgeber und ein neues Team, sondern auf eine vollkommen neue Materie. Aina Nilsson ist sich bewußt, daß sie es mit dem Stiefkind im Fahrzeugdesign zu tun hat: „Sie werden ja nicht in dem Maße präsentiert und beachtet wie Autos". Doch Grund zur Resignation gibt es deshalb für die Designerin nicht, ganz im Gegenteil. Die Ziele sind gesteckt, denn:

„Man sollte ihnen eigentlich mehr Beachtung schenken. Schließlich fallen sie in der Öffentlichkeit und auf der Straße viel mehr auf."

Laura Blossfeld

Geht es um die Konzeption neuer Automodelle, haben Frauen zwar an Einfluß gewonnen. Karosseriedesign und Konstruktion jedoch sind Männerdomäne geblieben. Zwar arbeiten hier Modelleurinnen und setzen die zeichnerischen Entwürfe der Designer in Plastillin oder Ton um, bei der Planung sind Frauen aber kaum beteiligt. Ausnahmen bestätigen diese Regel. Einige Frauen haben im Exterieur-Design von sich reden gemacht. Zum Beispiel Anne Asensio bei Renault: Sie begeisterte 1991 die internationale Autowelt mit dem Entwurf eines Familienautos, dem Scenic. Er galt als die innovativste Studie eines Wagens mit großem, aber flexibel zu nutzenden Innenraum und viel Sitzfläche. Ebenfalls erfolgreich und anerkannt sind Mimi Vandermolen, die für Ford Amerika den Ford Probe kreierte, oder aber Verena Kloos, die in Kalifornien für Volkswagen Zukunftsmodelle entwirft und beteiligt war an der Gestaltung des Käfer-Nachfolgers, zuerst Concept-Car, inzwischen Beetle genannt.

Laura Blossfeld gehört ebenfalls zu den seltenen Karosserie-Designerinnen. Seit 1993 arbeitet sie freiberuflich, entwirft Interieur- wie Exterieur-Studien. Opel, Porsche, Citroen, Peugeot - Referenzen hatte die damals 38jährige genug gesammelt. Einige ihrer Entwürfe sind inzwischen auf der Straße alltäglicher Anblick: die Türen des Citroen ZX beispielsweise, sein Innenleben oder einige Sitze, die sie für Peugeot kreierte. „Mein Lieblingsprojekt, der Entwurf zum Interieur für einen viersitzigen Porsche, ist leider nie realisiert worden. Der Porsche 984 wurde gecancelt", bedauert Laura Blossfeld.

Ein übliches Symptom im Berufsalltag eines Auto-Designers: Was binnen kürzester Zeit verworfen wird, darin steckt die Arbeit von Monaten, oft sogar Jahren. Damit muß sich abfinden, wer in den Entwurfsabteilungen arbeitet. Auch damit, daß die unkonventionelle, vielleicht geniale Idee nichts zählt, wenn es um die Befriedigung der Wünsche von Massen geht. Und schließlich frustriert auch die Arbeit nur an Einzelteilen. Gesamtkonzepte für Inneres oder Äußeres zu entwerfen, diese Aufgaben sind selten.

Laura Blossfeld wollte sich diesem Druck nicht anpassen: Sie machte sich selbständig, als der Frust die Lust am

Ideenfinden nahm. Heute lebt sie in München und arbeitet
für unterschiedliche Autounternehmen. In der Vielseitigkeit ihrer Aufträge hat sie das kreative Potential wiederge-
funden. Auch wenn ihre Ideen sich in den vergangenen
zwei Jahren fast ausschließlich um Lenkräder drehten. Annähernd 2000 Studien legte sie unterschiedlichsten Auf-
traggebern vor.

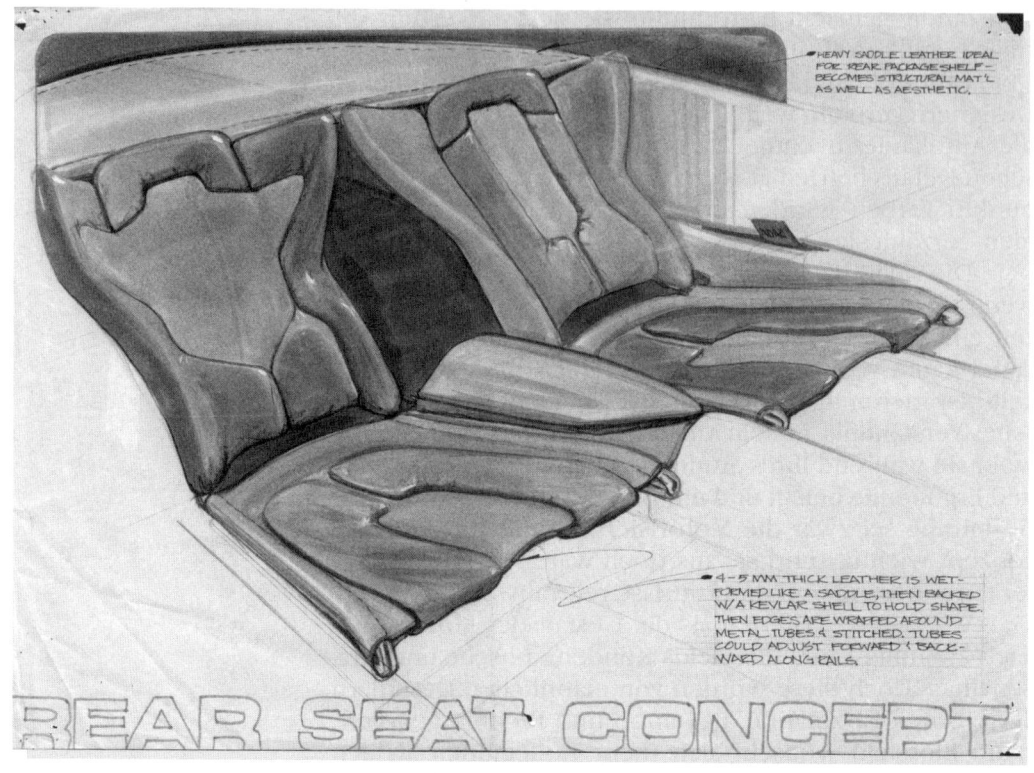

HEAVY SADDLE LEATHER IDEAL FOR REAR PACKAGE SHELF - BECOMES STRUCTURAL MAT'L AS WELL AS AESTHETIC.

4-5 MM THICK LEATHER IS WET-FORMED LIKE A SADDLE, THEN BACKED W/A KEVLAR SHELL TO HOLD SHAPE. THEN EDGES ARE WRAPPED AROUND METAL TUBES & STITCHED. TUBES COULD ADJUST FORWARD & BACK-WARD ALONG RAILS.

REAR SEAT CONCEPT

Mit Autos hatte Laura Blossfeld früher nicht viel am Hut. Die gebürtige Amerikanerin entschuldigt das mit einem Mangel an Spielzeugautos in ihrer Kindheit. In ihrer Heimatstadt und an der University of Michigan begann sie wie viele ihrer Kolleginnen zunächst die Ausbildung zur Textildesignerin. Auf der Suche nach Inspirationen für neue Muster fand sie ihre Liebe zu Oldtimern. Sie entdeckte, daß sich Autos gut auf Schals machten. Wenig später beschloß sie, richtige Autos zu ihrer Profession zu machen. Um zu lernen, wie Fahrzeuge konzeptioniert und entworfen werden, wechselte Laura Blossfeld zum Art Centre College of Design von Pasadena, einer privaten Hochschule in Kalifornien, die für innovatives Autodesign bekannt ist.

Als einzige Frau lange Zeit schloß Laura Blossfeld dort ihre Ausbildung ab - mit Auszeichnung. „Frauen werden in diesem Job stärker beobachtet", mußte sie erfahren. Talent reichte nicht aus, um dem Leistungs- und Konkurrenzdruck standzuhalten. Laura Blossfeld mußte sich rüde Witze anhören, gegen offene Benachteiligungen kämpfen. Die Kollegen reagierten abwartend, mißtrauisch und trauten ihr wenig bis nichts zu, sogar nachdem sie schon exzellente Ideen und Entwürfe vorgelegt hatte. Auch als sie sich selbständig gemacht hatte, mußte sie sich stärker um Aufträge bemühen als ihre männlichen Kollegen.

Laura Blossfeld wurde andererseits von männlichen Designern gern um weiblichen Rat gefragt, schließlich war die Autokäuferin entdeckt worden und sollte mit hübschen Details befriedigt werden. „Nur im Interieur oder in punkto Farben wurden meine Ratschläge ernst genommen", erzählt sie.

Die Männer der Designteams dagegen staunten, wenn sie beim Zeichnen und Entwerfen den späteren Nutzen eines Autos und den Fahrer ins Auge faßte und sich dabei kaum von Motorenleistung oder Fahrgeschwindigkeit inspirieren ließ. „Du brauchst gar nicht soviel technisches Verständnis, um ein Auto zu entwerfen", sagt sie, obwohl sie während ihres Studiums Kurse über Autotechnik und Ergonomie belegt und mit Bravour bestanden hat. Zur Gestaltung sei zwar die Motorisierung und das Antriebskonzept wichtig, führt sie aus, doch wären für eine Karosserie nur deren Form und Umrisse relevant.

Wichtigere Kriterien als die Gestalt des Motors sind nach Meinung Laura Blossfelds Kundenwünsche und Straßenalltag. Doch diese würden von männlichen Designern der eigenen Faszination an Tempo und Technik geopfert. Laura Blossfeld wünscht sich mehr Kolleginnen an den Zeichentischen, weil auch zunehmend Frauen den Automarkt entdecken: „Sie erweitern mit ihren Bedürfnissen auch die Herausforderungen an das Autodesign". Sie verdeutlicht dies anhand eigener Erfahrungen: „Einen Alfa Romeo Zagato konnte ich nie fahren. Weil der Sitz nicht weit genug nach vorne verschoben werden konnte, erreichte ich die Pedale nur schwer." Also eine Fehlkonstruktion und designerisch eine schlechte Leistung.

Autos müssen für alle gemacht sein, sagt die zierliche Designerin, für Kleine wie für Große, für Männer wie für Frauen: „Die Lösungen der Frauen sind langfristig die Lösungen der Zukunft.".

Anne-Sophie Kramer

Vom Grashüpfer zum Auto: Anne-Sophie Kramer ließ sich von der Natur inspirieren, die Formen für einen Kleinwagen neu zu erfinden. Schritt für Schritt dokumentierte sie in ihren Zeichnungen, wie eine tierische Silhouette einem Auto Gestalt verleihen kann. Ein Aufwand, den man sich nur als Studentin leisten kann und soll. Dozenten müssen nachvollziehen können, wie Entwürfe zustande kommen und ob sie den zuvor beschriebenen Ansprüchen genügen. Die Skizzenreihe hängt jetzt bei ihr im Arbeitszimmer, neben weiteren Entwürfen und zwischen Tonmodellen, die sie in den vergangenen drei Jahren angefertigt hat.

Anne-Sophie Kramer studierte in der Nähe von Montreux auf einer Privatschule Transportation-Design. Für diese Spezialform von Industriedesign, die sich auf die Konzepte und Formen aller Transport- und Fortbewegungsmittel konzentriert, ist das Art Centre College of Design bekannt geworden. Der europäische Ableger einer amerikanischen Highschool wurde in Zusammenarbeit mit Autoherstellern gegründet, kooperierte in der Ausbildung junger Designer mit ihnen und wurde 1996 aus Kostengründen geschlossen. Wie andere Kommilitonen wechselte danach Anne-Sophie Kramer ins Mutterhaus der Schule nach Pasadena, um ihre Ausbildung zu beenden.

Hier wie dort hat Anne-Sophie Kramer bereits während ihres Studiums Designaufgaben von Autofirmen gelöst und sich während eines Praktikums über die Arbeitsweise im Designstudio bei BMW ein Bild machen können: „Ich wäre glücklich, wenn ich sofort bei einer Autofirma loslegen könnte", sagt sie. Zuvor hat sie jedoch in Amerika noch eine Examensarbeit abzuliefern. Zuversichtlich schaut Anne-Sophie Kramer in die Zukunft: „Wenn Autofirmen heute noch neue Leute einstellen, dann werden Frauen bevorzugt."

Im Art Centre College of Design ist wie auf anderen Akademien und Universitäten oder in der Industrie die Fachrichtung Transportation – Design fest in Männerhand. Anne-Sophie Kramer war in der Schweiz unter 15 Studenten die einzige Frau, in den jüngeren Trimestern das gleiche Bild, dort gab es einige Jahrgänge ohne Studentinnen. „Für die Schule

war ich Vorzeigefrau", sagt Anne-Sophie Kramer und lacht. „Kamen Medien hierher, stürzten die sich sofort auf mich." Sie würde sich auch mehr Frauen in ihrem Fach wünschen: „Es müssen unbedingt mehr Frauen ins Autodesign. Sie bringen neue Erfahrungen mit. Ich glaube, sie haben ein größeres Gefühl für weiche Konturen, sind sensibler für Zeitströmungen und arbeiten viel aus dem Bauch heraus, doing by feeling, nenne ich das."

Daß sie einmal Vorzeigefrau sein würde, daran hat Anne-Sophie Kramer 1991 nicht gedacht. Nach einem dreijährigen Politik-Studium in Lausanne und einem halben Jahr Berlin zum Deutschlernen war die Erkenntnis gereift, das zeichnerische Talent zum Beruf auszubauen. Die damals 21jährige bewarb sich also bei verschiedenen Akademien und Hochschulen, präsentierte ihre Mappe auch in La Tour de Peilz und schrieb sich dort für Kommunikations-und Werbedesign ein. Zu diesem Zeitpunkt wußte sie noch nichts von der Spezialität der Schule, die lernte sie erst viel später durch ihren Wohnungsnachbarn und Kommilitonen kennen. „Dabei hatte ich eigentlich nie lange mit Puppen gespielt, sondern lieber mit den Autos meines Bruders", erinnert sich die Schweizerin.

Außerdem hatte sie sich kurz vor Studienbeginn in einen ausgesprochenen Autofreak verliebt. Um ihn sehen zu können, mußte sie in die Werkstatt kommen und ihm beim Restaurieren von Oldtimern helfen. „Ich verdiente mir etwas Geld dabei, lernte die unterschiedlichsten Autos kennen und mochte die Wagen später richtig", erzählt sie. Als ob es Vorsehung gewesen wäre: verständlich, daß sich die noch relativ unentschlossene Studienanfängerin auf Kurse in Transportation - Design einließ und bei dieser Richtung mit Begeisterung hängenblieb.

Vielleicht hat das Schicksal die Weichen auch gestellt, als Anne-Sophie Kramer mit ihrem Freund aus der Oldtimer-Werkstatt zum Spaß Lastwagen-Rennen fuhr. Denn jetzt, kurz vor Studiumende, arbeitet sie an einer Studie für ein Lastwagen-Konzept. Noch sucht sie dafür nach Ideen für Entwürfe und nach Informationen zu möglichen Materialien und Einsatzmöglichkeiten, über die sie zusätzlich zu einem Modell auch ein Exposé anfertigen muß. Nur eines steht fest: Langweilig darf der Entwurf nicht sein, denn: „Langweilige Automodelle gibt es zur Zeit wirklich genug."

Arbeitsplatz Autoindustrie

„Früher spielte sie mit Autos, heute spielt sie mit Puppen" ist ein Plakat übertitelt, mit dem Mercedes Benz Anfang der neunziger Jahre in Schulen und Berufsberatungen Frauen umwarb. Es zeigte eine selbstbewußte, junge Ingenieurin, die sich augenscheinlich mit Sicherheitsforschung beschäftigte und daher mit Dummies, den Puppen für Crashtests, nicht nur spielte. Frauen werden in der Autoindustrie auf Erfolgskurs gesetzt, so scheint es noch immer. Selbst nach der Rezession, die auch bei Autoherstellern und Zulieferbetrieben zu Massenentlassungen führten, haben gerade Frauen in den Unternehmen gute Karten: „Die Frau, die sich bei uns als Ingenieurin bewirbt, bekommt einen Bonus", meint etwa Barbara Beck, Betriebsrätin der Bayerischen Motorenwerke (BMW), und das gilt auch für andere Betriebe. „Auch in der Ausbildung wirbt man noch um Frauen. Mädchen haben da gute Chancen."

Die Gründe für diese Anwerbung sind vielschichtig. Ein Beitrag zur Chancengleichheit oder zur Förderung von Frauen ist sie nicht immer, selbstverständlich auch keine Großtat speziell für die meist besser ausgebildeten oder engagierteren Frauen. In Wirklichkeit steckt hartes Kalkül dahinter: Längst weiß die Branche, daß bis ins neue Jahrtausend einige Millionen Fahrzeuge von Frauen gekauft und gefahren werden. Da tut es nicht nur dem betriebsinternen Image gut, wenn Frauen daran beteiligt sind, diese Autos auf die Räder zu stellen; schließlich erwartet man sich auch neue Anstöße von weiblichen Mitarbeitern.

Andererseits war in den späten achtziger Jahren abzusehen, daß sich stetig weniger Jungen als Lehrlinge bei den Autofirmen melden. In den gewerblich-technischen Ausbildungsberufen, so prognostizierten infolgedessen die Experten, würde es in naher Zukunft einen beträchtlichen Arbeitskräftemangel geben. Wie so oft in der Industriegeschichte sollten wieder einmal Mädchen herhalten, entstehende Lücken zu füllen. Die Krise in der Branche, der folgende Abbau oder die Verlagerung von Stellen in Billiglohnländer, hat diesem Argument zwar die Basis entzogen, doch Mädchen sind in den Unternehmen trotzdem gern gesehene Stifte.

Arbeitskraft
Im Vergleich zu 1991 wurden bis 1995 rund 20 Prozent der Stellen in der Fahrzeugindustrie abgebaut. Heute arbeiten rund 650.000 Menschen in den Konzernen, Zulieferbetrieben oder Servicewerkstätten. In den technischen Berufen des Fahrzeugbaus betrug 1994 der Frauenanteil um 14 Prozent, unter den Angestellten um 40 Prozent und unter den Auszubildenden beider Sparten gerade mal 4 Prozent. Legten 1987 noch 30.000 Lehrlinge ihre Gesellenprüfung ab, waren es 1992 nur noch 20.000. Von den 7.831 Meisterprüfungen dieses Jahres wurden gerade 0,27 Prozent von Frauen absolviert.

Frauen in technische Berufe - das ist nicht nur eine Forderung von Unternehmern. Auch Politiker und Pädagogen machen sich für Frauen in Männerberufen stark. Das hat ebenfalls viele Gründe: In den technischen Berufen liegen die Verdienstmöglichkeiten sehr viel höher als in den typischen Frauenberufen. Zu erwarten ist darüber hinaus, daß auch das nächste Jahrtausend vor allem vom Fortschritt in der Technik geprägt sein wird. Es wäre fatal, wären die Frauen erneut ausgeschlossen und würden sich an den anstehenden Lösungen von Problemen mit Technik und Natur nicht beteiligen.

Der Autoindustrie wird trotz größter Kritik, der sie gegenwärtig ausgesetzt ist, auch in Zukunft eine Schlüsselposition zukommen. Schon heute wird in den Unternehmen nach neuen Organisationsformen von Verkehr und Mobilität - beides gehört zu den Grundrechten der Menschen und ist Ausdruck ihrer Selbständigkeit und Freiheit - geforscht. Es muß deshalb auch ein großes Interesse von Frauen sein, an diesen Prozessen endlich beteiligt zu werden.

Schlüsselindustrie
Der Verkehrssektor leistet einen erheblichen Beitrag zur gesamtwirtschaftlichen Wertschöpfung: Allein die Jahresumsätze, die durch das Auto oder dessen Zubehör erzielt werden, betragen 575 Milliarden Mark. Mehr als jede fünfte Mark wird in Deutschland für Mobilität ausgegeben.

Eine Forderung, die Frauen allerdings einiges abverlangt: Um mitzutun, müssen sie sich Bereiche erobern, für die sie in Schule und Erziehung nur schlecht vorbereitet und motiviert werden. In denen ihnen außerdem der Zutritt in der Vergangenheit wenn nicht verschlossen, so doch erschwert wurde und teilweise heute noch wird. Ein gutes Beispiel war das Nachtarbeit-Verbot für Frauen: Erst Anfang der neunziger Jahre wurde es aufgehoben. Mit Hilfe des Gesetzes war vorher der Einsatz von weiblichen Fachkräften nach 22 Uhr wirksam verhindert worden - und damit so manche Karriere einer Meisterin, die ihr Team nachts nicht kontrollieren konnte und deshalb auch erst gar nicht gern eingestellt wurde.

Wenn Interessenverbände und Gesetzgeber lange auf dieser antiquierten Regel aus dem vorigen Jahrhundert beharrten, war nur am Rande von Interesse, daß trotz modernster, die Kräfte sparender Maschinen auch Männer körperlich unter Nacht- und Schichtarbeit leiden. Das kann als Zeichen dafür gewertet werden, daß es in der Nachtarbeit-Diskussion - wie im übrigen bei vielen anderen Fragen auch - nicht wie behauptet um die Gesundheit der Frauen, sondern vielmehr um deren soziale Rolle ging.

In typische Männerdomänen einzubrechen, kann sich allerdings auch lohnen. Nicht nur in der Autoindustrie werden Frauen neben zukunftsträchtigen Ausbildungen und interessanten Berufen Berufsperspektiven und gute Löhne offeriert - zumindest im Vergleich zum frauentypischen Status Quo: Noch immer lassen sich die meisten Mädchen nach der Schule zur Friseuse, Näherin, Schneiderin, Verkäuferin, Arzthelferin, Steuer- oder Anwaltsgehilfin oder zur Bankkauffrau ausbilden, schlecht bezahlte Berufe, in denen zudem nur wenig Kreativität oder Eigenverantwortung verlangt sind, sondern Dienen und Anpassen.

Das oft zitierte Vorurteil, Mädchen schafften die körperlich anstrengende Arbeit in einem Männerbetrieb nicht, kapierten die technische Theorie nur schwer und stifteten Unruhe in Männergruppen, ist selbst durch wissenschaftliche Studien, die das Gegenteil beweisen, nicht aus der Welt zu schaffen: weder unter Mädchen und Frauen, noch unter Erziehern, Eltern und Meistern. Dabei hat die Technik in den vergangenen Jahrzehnten viele Anstrengungen gerade bei Männerberufen ersetzt. Doch auch zufriedene und erfolgreiche Mechanikerinnen oder Technikerinnen, die sich während der regelmäßig stattfindenden Mädchen-Techniktage von Industrie und Gewerkschaften vorstellen, können offensichtlich eingefahrene Denkweisen nicht umlenken.

Gudrun Bielmann schreibt in dem Buch *Auto, Auto über alles?* dazu: „Bei den Vätern ist auch noch die Angst im Spiel, ihre Privilegien zu verlieren. Wenn seine Berufstätigkeit der der Tochter gleichgestellt wird, hat er kein Anrecht mehr auf seine Machtposition. Es gibt dann keinen Grund mehr, daß Frau und Tochter die Hauptlast der Hausarbeit tragen." Männerkomfort verhindert Frauenerfolg, mehr noch fördert er die Abhängigkeit: Das allerdings müssen sich die Frauen vergegenwärtigen, um aussichtslose Kreisläufe endlich zu durchbrechen.

Eine nur schlecht verdienende Frau läßt sich leichter von der Hausfrauen- und Mutterrolle überzeugen, selbst wenn sie darin keine Perspektive für sich sieht. Nicht selten finden Mädchen nach einer Lehre in Frauenberufen weder Befriedigung noch ausreichendes Auskommen. Oft landen sie dann frustriert in der Industrie: als ungelernte Arbeitskraft.

Die Lehrjahre waren vergeudet und nur ein nutzloser Umweg zu den eintönigen Handlangerdiensten. Neben der täglichen Langeweile setzen sich Frauen am Band nicht nur höchsten körperlichen und seelischen Belastungen aus, sie stehen auch unter dem Druck, als erste gehen zu müssen, wenn aus wirtschaftlichen Gründen Stellen abgebaut werden. Tatsächlich sind es heute gerade die Frauenarbeitsplätze in der Autoindustrie, die in Billiglohnländer verlagert oder auf Dauer vernichtet wurden. „Frauen sind vom Stellenabbau und von der vielzitierten Verschlankung der Hierarchien stärker betroffen", bestätigt die BMW-Betriebsrätin Barbara Beck die Situation. Auch in der IG Metall sieht man mit Sorge, daß Teamarbeit „eher in einem Kernbereich, wie etwa der Motorenherstellung, eingeführt wird, während in vermeintlichen Randbereichen die Arbeitsplätze der Frauen gefährdet sind, weil ihre Arbeit ‚fremdvergeben' oder wegrationalisiert wird."

Eine Situation, die nicht nur die Montage betrifft: Die Verflachung von Hierarchien hat in den vergangenen Jahren auch dazu geführt, daß jene mittleren Ebenen, die von Frauen erreicht wurden, abgeschafft wurden, und daß der „Kampf der Geschlechter" bei den wenigen verbleibenden Posten gegenwärtig steigt.

Nicht viel anders ist die Situation der Abiturientinnen. Neben Sprachen und Pädagogik bevorzugen sie Rechts- und Wirtschaftswissenschaften - Studienfächer, die hoffnungslos überlaufen sind und kaum mehr in eine gute Anstellung münden. Die technisch geprägten oder naturwissenschaftlichen Fächer werden von ihnen eher verschmäht - obwohl sie laut Arbeitsmarkt-Prognose bessere Perspektiven und Einsatzmöglichkeiten bieten. Trotz Krise in den Schlüsselindustrien: Die

Falsche Wahl

Insgesamt liegt der Frauenanteil in der gesamten Metallindustrie bei rund 22 Prozent, in der Autoindustrie dagegen bei knapp zehn Prozent. 90 Prozent der weiblichen Beschäftigten in der Metallindustrie arbeiten in den untersten Lohngruppen.

Das Berufsspektrum von Mädchen ist nach wie vor begrenzt: Von knapp 400 möglichen Ausbildungsberufen werden über 60 Prozent der Mädchen lediglich in 15 Berufen ausgebildet. Diese sind vorwiegend im Dienstleistungssektor angesiedelt.

Fertigkeit von Ingenieuren wird auch in Zukunft gefragt und hochdotiert sein.

Die Autoindustrie bietet beispielsweise regelmäßig Mädchen-Techniktage an, während derer sich künftige Lehrlinge und Studentinnen über technische Berufe und ihre Möglichkeiten informieren können. Neuerdings verstärken daneben einige Politiker und Pädagogen ihr Engagement, auch die Schulbildung zu reformieren. Erwiesenermaßen wirken gerade in den naturwissenschaftlichen Fächern Chemie und Physik unbewußte Normen: Da werden Jungen mehr als Mädchen ermutigt, Fragen zu lösen und sich am Unterricht positiv hervorzutun; da wird nach Lehrplänen gelernt, die vor allem auf männliche Bedürfnisse und Erlebniswelten aufbauen; da werden allgemein männliche Verhaltensweisen geschult. Um langfristig die Chancengleichheit von Mädchen und den Frauenanteil auch in Männerberufen zu erhöhen, wird deshalb der gemeinsame Unterricht von Jungen und Mädchen grundsätzlich hinterfragt. Denn es hat sich gezeigt, daß überproportional viele junge Frauen, die sich für einen Männerberuf entschieden haben, in reinen Mädchenschulen auf ihre Zukunft vorbereitet wurden.

Natürlich ist es nicht uneigennützig, wenn die Fahrzeugindustrie Frauen beruflich auf Touren bringt. „Die Gegenwart von Frauen belebt Diskussionen", sagt Gerrit Huy, lange die einzige Direktorin bei Mercedes Benz und damit eine der ranghöchsten Frauen in der Autoindustrie.

Zwischenzeitlich zahlen sich die anerkannten Vorteile weiblichen Verhaltens für die Arbeitgeber aus. Frauen bieten gegenüber Männern eine höhere soziale Kompetenz. Sie sind anpassungsfähiger, kooperativer und teambewußter. Frauen stellen sich zudem leichter auf andere ein, gehen deshalb mit Untergebenen wie auch mit Kunden unbefangener und freundlicher um.

Sie gelten überdies als die besseren Verkäufer und haben sich deshalb im Vertrieb oder in den Marketingabteilungen auch der Autoindustrie etablieren können. Doch nicht nur für die Außenwirkung bringt das Sozialverhalten von Frauen Vorteile: „Wo auch Frauen arbeiten, stecken Männer ihre Eitelkeiten und Befindlichkeiten zurück", berichtet ein Mitarbeiter von Porsche. Auch Aina Nilsson, Chef-Designerin bei Volvo, hat beobachtet, daß die Anwesenheit von Frauen die Kommunikation unter den Mitarbeitern fördert, sich Konkurrenzverhalten glättet: „Die Männer meiner Abteilung sagten mir, sie arbeiteten lieber in gemischten Gruppen als nur mit männlichen Kollegen." Erika Emmerich, Vorsitzende des Verbandes der Deutschen

Automobilindustrie (VDA), bestätigt ebenfalls: „Die männliche Skepsis den Kolleginnen gegenüber ist größtenteils gewichen. Da kann man beobachten, daß auch auf Männerseite die Freude groß ist, wenn das ‚weibliche Element' Farbe in die Sitzungen bringt."

Psychologen und Personalberater wissen ebenfalls, daß sich durch Frauen die Gruppendynamik von Teams verbessert. In der Weiterbildung oder auf leitenden Positionen wird die Gesprächs- und Diskussionsbereitschaft von Frauen anerkannt. Sie können leichter als Männer delegieren, Verantwortung verteilen und damit stärker motivieren. Aus diesem Grund ist beispielsweise bei Audi eine Frau für das gesamte Managementtraining des Unternehmens zuständig: Brigitte Stechhammer bringt mit weiblicher Intuition und sensibler Kompetenz Führungskräfte darauf, eigene Arbeitsgruppen und Teams zu Leistung und Verantwortung zu bewegen.

Die weiblichen Angestellten und Arbeiterinnen der Autoindustrie wechseln außerdem, so eine weitere Studie, weniger häufig ihren Brötchengeber und sind an Qualifikation interessierter als männliche Kollegen. In den gewerblich-technischen Ausbildungsberufen schneiden Frauen zudem auch besser ab. Dazu die Personalabteilung von Mercedes Benz: „Man stellt fest, daß Mädchen in den technischen Bereichen die besseren Noten haben." Eine These, die der Zentralverband des Kraftfahrzeug-Handwerks mit Zahlen belegt.

> **Durchfaller**
> 1984 schafften unter den weiblichen Kraftfahrzeugmechanikerinnen zehn Prozent mehr Frauen die Meisterprüfung als unter den Männern. 1986 waren es 18 Prozent mehr, 1991 drei und 1992 zwei Prozent mehr Frauen. Nur 1989 und 1990 fielen mehr Frauen als Männer durch die Prüfungen.

Ähnlich die Absolventinnen von (technischen) Universitäten und Fachhochschulen. Viele Ingenieurinnen bringen eine umfassendere, vielseitigere und anspruchsvollere Ausbildung mit. Hintergrund des Ehrgeizes ist der höhere Druck, unter dem Frauen stehen. Sie fühlen sich von Meistern und Kollegen stärker kontrolliert. „Es dauerte schon eine Zeit, bis mich alle akzeptierten", bestätigt Carolin Herman, die bei Audi erst Universalfäserin wurde und nach ihrem Meister in der Planung und Fertigung des V6-Motores arbeitete.

Das Mißtrauen ihrem Können gegenüber motiviert zum Widerspruch - und zum Ehrgeiz: Denen zeig' ich's, wird im besten Fall zum Motto für Erfolg im Männerberuf. Danach wird es auch zum Motor dafür, weiter zu lernen, um noch höher zu kommen: wenn schon, denn schon.

Die Investition in weibliche Lehrlinge zahlt sich aus. Dennoch belohnen nur wenige Unternehmen bessere

Kenntnisse, kooperatives Verhalten und die höhere Loyalität mit gezielter Förderung. Die meisten Unternehmen beschränken sich gerade mal darauf, Müttern nach der Kinderpause den Wiedereinstieg in den Beruf zu erleichtern und Teilzeitarbeitsplätze zu schaffen - Strukturen, die im übrigen langfristig auch Männern nutzen. Nur bei Audi und Volkswagen werden Frauen gezielt gefördert, gibt es Quoten, nach denen Plätze für Weiterbildung und Ausbildung an weibliche Mitarbeiter vergeben werden. „Eine stagnierende Qualifikation kann ebenso schädlich sein wie keine oder eine falsche Qualifikation, und Ursache dafür, daß mitten im Berufsleben der Anschluß verpaßt wird", gab Andreas Schleef, 1993 Vorstandsmitglied bei Audi, die Richtung vor, mit der in Ingolstadt auch Frauen behandelt werden.

Während Opel oder Ford in dieser Hinsicht Frauen nichts bieten, Schulungen während des Erziehungsurlaubs auch als „Diskriminierung" von Männern abgeblockt werden, beschränkt man sich bei Mercedes Benz darauf, Studentinnen und hochqualifizierte Ingenieurinnen bevorzugt einzustellen. Bei BMW werden Müttern und Vätern Hilfen gegeben, Betreuungsplätze für ihre Kinder zu finden und für Kleinkinder oder die Pflege eines Angehörigen längere Zeit zu pausieren.

Traumhafte Zustände können - entgegen anderslautenden Beteuerungen und Bemühungen - Frauen in der Autoindustrie sicher nicht erwarten. „Exoten nehmen sie gern", meint daher die Betriebsrätin Barbara Beck spöttisch. „Doch Exoten haben es auch schwer. Entweder sie passen sich an und gehen auf Dauer unter oder sie machen bei den Machtspielen mit und kämpfen um ihre Position." Frauen sind trotz verstärkter Werbung um ihre Mitarbeit Außenseiter geblieben.

Je höher die Etage in der betrieblichen Hierarchie ist, desto seltener sitzen Frauen auf verantwortlichem Posten. Auch eine Folge des generell geringen Frauenanteils, wie Barbara Beck meint: „Wenn der Unterbau von Frauen nicht stimmt, dann bleiben Frauen in Führungspositionen immer nur Einzelpositionen und Außenseiter. Frauen haben dadurch wenig Chancen, sich gegenseitig zu unterstützen."

Als Gründe für den Frauenmangel nicht nur in Führungspositionen nennt Erika Emmerich vom Verband der Deutschen Automobilindustrie Diskriminierung und Benachteiligung: „Etwas anderes ist es, ob bei gleichem Karrieremuster Frauen und Männer dieselben Chancen für bestimmte Berufe haben. Diese Chancengleichheit ist in unserer Gesellschaft im statistischen Mittel wohl noch nicht verwirklicht."

124

Wie überall zählen auch in der Autoindustrie Familienpause und Erziehungserfahrungen nichts, die Kinderbetreuung liegt überwiegend in Frauenhand. Die wenigsten Frauen drängen ihre Partner zur gleichberechtigten Verantwortung, und die wenigsten Männer wollen Vaterfreuden wirklich genießen. In der männlich orientierten Autoindustrie dürfte es ihnen zudem schwerer fallen, so eine Entscheidung vor den Kollegen zu rechtfertigen.

Wie stark sich allerdings auch Väter von einer Unterstützung der Familie leiten lassen, Verantwortung zu übernehmen, zeigt das Beispiel BMW. Weil das Kinderbüro der Firma bei der Suche nach Betreuung hilft und während der Familienpause den Kontakt zu den Eltern hält, diese auch bei Fortbildungsmaßnahmen beachtet, befanden sich 1996 schon 20 Prozent Männer im Erziehungsurlaub, zehn Prozent aller Pausierenden und ein Anteil, der wohl bislang von keinem anderen deutschen Unternehmen erreicht wurde.

„Kinder bedeuten einen Karriere- und Gehaltsknick", stellt Claudia Zacherl von Audi stellvertretend für viele Frauen in der gesamten Autoindustrie fest. Nach dem ersten Kind auf Teilzeit umgestiegen, machte sie unter den Kollegen nicht nur positive Erfahrungen mit ihrem Familienglück: „Es sind nicht nur die Chefs, sondern auch die Kollegen, die es einem übelnehmen, wenn man weniger arbeitet." Barbara Beck bestätigt die Einzelerfahrung, bei einer Schwangerschaft findet die Akzeptanz von Frauen in von Männern dominierten Arbeitsgruppen ein schnelles Ende: „Werden Frauen in Männerberufen schwanger, bricht ihre mühsam erkämpfte Position schnell in sich zusammen", mußte die Betriebsrätin erfahren. „Sie bemerken, daß sich nicht alle über ihren Zustand so freuen wie sie, daß sie im Gegenteil sogar wieder zum Unsicherheits-

Weibliche Kraft in der Autoindustrie

Porsche
6.500 Mitarbeiter, davon 600 Frauen (9,2 Prozent), 5 von insgesamt 148 Führungspositionen (3,4 Prozent) sind mit Frauen besetzt.

Opel
47.562 Mitarbeiter, 3845 Frauen (9 Prozent), 96 von insgesamt 2304 Führungspositionen (4.1 Prozent) sind von Frauen besetzt.

Volkswagen
97.119 Mitarbeiter, 11.800 Frauen (12,1 Prozent), 15 von 800 Führungspositionen (1,9 Prozent) sind von Frauen besetzt.

Mercedes
150.000 Mitarbeiter, 16.500 Frauen (11 Prozent), 4500 von insgesamt 11.000 Führungspositionen (40 Prozent) sind von Frauen besetzt (mitenthalten in dieser Zahl: auch Gruppenleiter und Sachbearbeiter, die andere Autofirmen ausschließen).

BMW
58.900 Mitarbeiter, 7.450 Frauen (12,7 Prozent), 105 von 1500 Führungspositionen im Werk München (7 Prozent) sind von Frauen besetzt, im Gesamtbetrieb sind 3 Prozent der Führungspositionen von Frauen besetzt.

Audi
23.285 Mitarbeiter, 2771 Frauen (11,9 Prozent), 10 von insgesamt 800 Führungspositionen (1,2 Prozent) sind von Frauen besetzt.

Ford
31208 Mitarbeiter, davon 1732 Frauen (5,5 Prozent), über den Frauenanteil in Führungspositionen machte Ford keine Angaben.
Eine einheitliche Definition für Führungskraft gibt es überdies nicht.

faktor geworden sind. Und sie merken in ihrem Umfeld, daß Männer immer noch sehr wenig mit Kindern zu tun haben."

Kinder und Beruf sind auch in anderer Hinsicht schwer zu vereinbaren: In technischen Berufen zu arbeiten, bedeutet regelmäßige Weiterbildung, soll das Erreichte gehalten werden. Anders als Männer, die sich jederzeit frei machen von familiären Verpflichtungen, müssen sich Frauen fragen, was mehr zählen wird in ihrem Leben: eine Familie oder der Beruf. Denn Weiterbildung findet oft genug am Feierabend, im Urlaub oder an den Wochenenden statt und ist für Mütter daher nur schwer einzuplanen. Nur wenige finden bei ihrem Partner offenes Gehör, wenn es um die Kinderbetreuung am Abend oder am Wochenende geht. Selten sind außerdem Arbeitgeber bereit, dieses Dilemma einzugestehen und mit eigenen Kindergärten oder anderen Programmen ihre Mitarbeiterinnen zu unterstützen.

Hinzu kommt: Berufstätige Mütter werden aufgrund ihrer Familiensituation und den absehbaren Problemen von ihren Vorgesetzten gar nicht erst über Weiterbildungsmaßnahmen informiert; jüngere sind von vorneherein ausgeschlossen, weil sich die Schulung in vielen Augen aufgrund des Schwangerschafts-Risikos nicht rentiert. Ein beträchtliches Hindernis für Qualifikation und Karriere stellt auch die Teilzeitarbeit dar, durch die Mütter versuchen, Familie und Beruf miteinander zu vereinen. Wer nicht Tag für Tag am Arbeitsplatz ist, hat keinen Anspruch auf Weiterkommen, lautet das gängige Urteil: selbst in Zeiten, in denen flexible Arbeitszeiten als Zukunftslösung diskutiert werden. Die Vereinigung der hessischen Unternehmerverbände, ein Landesverband des Arbeitgeberverbandes Gesamtmetall, nennt einen weiteren Grund für angebliches Desinteresse von Frauen an Fortbildung und Karriere: „Fehlende weibliche Vorbilder, insbesondere in Bereichen, in denen Frauen bisher unterrepräsentiert waren, halten Frauen oft davon ab, eine Qualifikation aktiv nachzufragen."

Ein Problem, das die betroffenen Frauen nur selbst lösen können - durch Kampf am Arbeitsplatz und in der Familie. Von ihren Vorgesetzten können sie nämlich keine Hilfen erwarten. Die VDA-Vorsitzende Erika Emmerich fordert deshalb: „Frauen sollen ruhig etwas mehr Egoismus lernen. Das Spannungsfeld Familie und Beruf muß weiter entschärft werden."

Doch auch ohne Kindersegen - bei Löhnen und Gehältern sind Frauen noch immer benachteiligt, in Männerberufen sogar stärker als in anderen. Allen rechtlichen Grundsätzen zum Trotz bekommen Frauen im Durchschnitt rund ein Drittel weniger Gehalt als ihre männlichen Kollegen. Doch ein gutes Betriebsklima zu gefährden oder den Job möglicherweise aufzugeben, um ihre Ansprüche einzuklagen, das wagen verständlicherweise die wenigsten.

Gradlinig läßt sich von einer Frau die Karriere in der Autoindustrie nicht ansteuern. Oft genug bauen sich Frauen die Hürden vor interessanten Berufen selbst und zaudern vor rauhem Umgangston und hohem Leistungsdruck, den sie in Männerdomänen zu Unrecht erwarten. Es kostet zwar Überwindung, doch der Reiz, einen Teil der Zukunft mitgestalten zu können, ist groß. „Solange der Bereich der Technik allein den Männern überlassen bleibt, wird das Bild vom Mann als Gestaltendem und das Bild der Frau als seiner Gehilfin nicht überwunden werden", resümiert die Soziologin Gudrun Bielmann aus ihren Studien über Frauen in Männerberufen. „Wenn sie (die Frauen) sich alle Bereiche öffnen, wird der Druck, die Arbeitswelt humaner zu gestalten, zunehmen, weil Frauen andere Erwartungen an das Leben haben und an das, was sie als menschlich bezeichnen."

Lohngefälle
Durchschnittlich beträgt der Lohn einer Frau in Deutschland 66 Prozent dessen, was ein Mann verdient. In den gewerblich-technischen Berufen der Metallindustrie sind 33 Prozent weniger in der Lohntüte, in den höheren Hierarchiestufen ist das Gehalt um 20 Prozent niedriger als das eines Mannes.

Laufbahnen

Der Blick in die Lebensläufe der hier vorgestellten, in der Autoindustrie erfolgreichen Frauen beweist, daß Frauen mehr leisten, um sich einerseits selbst zu überwinden und andererseits, um Vorbehalte von Kollegen auszuräumen. Gleichwohl weisen sie überdurchschnittliche Ausbildungen, mehrere Abschlüsse und oft genug auch eine Auszeichnung vor.

Eine Leistung, die durchaus gewürdigt wird. Nicht umsonst fordern Arbeitgeberverband (beispielsweise Gesamtmetall) oder die Gewerkschaften seit Jahren, Ungerechtigkeit aufzugeben und Mitarbeiterinnen den Alltag zu erleichtern. „Auch wenn ich persönlich das Glück hatte", zieht dementsprechend Erika Emmerich Bilanz, „Diskriminierung nicht erleben zu müssen, verkenne ich doch nicht die Tatsache, daß es anderen meiner Geschlechtsgenossinnen immer wieder passiert." Sie verlangt aber auch von den Kolleginnen: „Frauen müssen lernen, selbst in ihrer Situation eine Normalität zu sehen, denn nur so kann sie eine werden."

Einige Frauen haben in der Autoindustrie die Kurve gekriegt. Es sind noch zu wenige, um die Männerdominanz zu brechen. Das wird so bleiben, bis sich auch der Anteil von Arbeiterinnen und Angestellten in anderen Abteilungen erhöht hat. Erst dann sind Frauen keine Exoten mehr, sondern ein gleichberechtigter Teil der Branche.

Auf die oft gefürchtete, harte Konkurrenz der Männer angesprochen, haben die Erfolgreichen nur ein gelangweiltes Schulterzucken übrig: „Die Leute haben das einfach nicht drin, daß Frauen sich mit Technik befassen können", sagt Gerrit Huy. Sie bewies bis 1996 den Kritikern tagtäglich das Gegenteil, denn sie bekleidete den Posten einer Direktorin bei Mercedes Benz, bei jenem Unternehmen, das 1992 von der Zeitschrift *Auto, Motor und Sport* als eine der „bestgehütetsten Männerdomänen der deutschen Wirtschaft" (Priemer, 1992) bezeichnet wurde. Gerrit Huy kümmerte sich dort zunächst um Markenimage und neue Produkte, später um die strategische Produktplanung und war schließlich auch noch die Umweltbevollmächtigte der Mercedes Benz Aktiengesellschaft.

Gerrit Huy

In der Karriere der Frau, die lange Zeit die Ranghöchste in der Autoindustrie war, spielte der Zufall eine große Rolle, selbst wenn sie - im Gegensatz zu vielen anderen Frauen - genau wußte, was sie werden und machen wollte. Gerrit Huy wollte Wissenschaftlerin oder Journalistin werden. Sie legte großen Wert auf eine ausgezeichnete, aber auch vielseitig nutzbare Ausbildung. Die einzelnen Schritte waren: Nach dem Abitur 1973 geht die gebürtige Braunschweigerin (Jahrgang 1953) zunächst zur Commerzbank in Hamburg und wird Bankkauffrau. Knapp zwei Jahre später belegt sie Volkswirtschaft und Mathematik an der Universität Hamburg - „neutrale" Fächer, wie sie meint. Ohne ein Wort französisch zu sprechen, wird sie nach dem Grundstudium Gaststudentin in Frankreich und geht nach Straßburg an die Universität Louis Pasteur und von dort wieder zurück nach Hamburg.

Es folgen Heirat, das erste Kind, ein Stipendium in Harvard und mehrere Studienjahre in Amerika. „Von dort kamen damals die wichtigsten wissenschaftlichen Inputs, deshalb wollte ich dorthin", begründet Gerrit Huy ihre Karriereplanung. In Harvard legt sie 1985 den Master of

Economy of Public Administration (Wirtschaftswissenschaften) ab und sitzt 1986 an ihrer Doktorarbeit, als Edzard Reuter, damals Finanzchef, später Vorstandsvorsitzen-
der der Daimler Benz AG, während einer Podiumsdiskussi-
on und eines Arbeitsessens auf die damals 34jährige Dok-
torandin und zweifache Mutter aufmerksam wird. Er stellt

sie als seine persönliche Assistentin ein. „Er konnte sich in dieser Position durchaus eine Frau vorstellen", sagt Gerrit Huy.

Ohne schnelle Auffassungsgabe und die Fähigkeit, konzentriert zu lernen oder zu lesen, kann sich Gerrit Huy einen solchen Weg nicht vorstellen. Ohne das Verständnis und die Unterstützung ihrer näheren Umgebung wäre sie ebenfalls verlassen gewesen. „Mir wurde viel Freiheit gelassen von zu Hause. Das muß wohl die Voraussetzung für eine solche Karriere sein", sagt sie nachdenklich. Die Eltern hielten sie schon früh zur Eigenständigkeit an, und ihr Mann war bereit, seine Vaterrolle über das Übliche hinaus ernst zu nehmen: „Er hat mir das erste Jahr in Harvard sehr erleichtert", erinnert Gerrit Huy sich an die Zeit, als der Erstgeborene noch ein Baby war.

Vier Jahre blieb sie die Assistentin von Edzard Reuter, begleitete ihn bei seinen Entscheidungen, lernte die hohe Schule des Managements - und bekam zwischendurch ihr drittes Kind. An ihrem Chef schätzte sie, wie sie in einem Interview 1992 bekannte, „die Fähigkeit zur Rationalität und seine intellektuelle Brillanz" (Alex, 1992). Eigenschaften, die auch sie treffend beschreiben. Ihre Gedanken sind scharf, die Antworten überlegt, das Gespräch hat sie jederzeit im Griff.

Im Juli 1990 folgte der nächste Schritt auf der Karriereleiter. Vier Jahre plante Gerrit Huy für Mercedes Benz die Entwicklung neuer Personenwagen: bewertete Autokonzepte, berechnete deren Kosten, entwickelte Rahmenbedingungen, organisierte Produktionsabläufe. Eine weitere Herausforderung war, neue Märkte oder Zielgruppen zu finden und das Markenimage zu polieren. Im engeren Stab hörten damals 40 Mitarbeiter auf ihr Wort, knapp 2000 hingen unmittelbar von ihren Entscheidungen ab. Eine Position und eine Verantwortung, die der Direktorin ausgesprochen Freude machten: „Ich kann gestalterisch arbeiten, Einfluß nehmen und viele Dinge bewegen. Das macht Spaß," meinte sie in unserem ersten Gespräch.

Unter ihrer Ägide sammelte sich ein Team von Fachfrauen aus unterschiedlichen Unternehmensbereichen, das sich vor allem um die Wünsche und Bedürfnisse von Autofahrerinnen kümmern und diese in die Produktpalette einbringen sollte. Die Entscheidung, diese Arbeitsgruppe zu gründen, gibt sie im nachhinein zu, resultierte weniger aus einem persönlichen Interesse an Gleichberechtigung, sondern war vielmehr eine Folge begründet von Zahlen und Statistiken. Die Gruppe hat sich zwar längst wieder aufgelöst, doch hat sie Anstöße initiiert, und einige

Anregungen flossen in die Entwicklung von neuen Modellen mit ein.

Stolz war die Direktorin im Rückblick vor allem auf einen Coup: Gerrit Huy nahm entscheidenden Einfluß darauf, daß es bei Mercedes auch Kleinwagen zu kaufen gibt. „Ich fand es schön, auch mal eine neue Autoklasse mitzugestalten", sagt sie, als sei es die leichteste Aufgabe der Welt, mit Traditionen zu brechen und Vorstände wie auch Ingenieure von der Notwendigkeit zu überzeugen, nicht nur feine Limousinen verkaufen zu wollen, sondern in Zukunft auch kleine Wagen in die Modellpalette aufzunehmen. Noch eine Perspektive, die Gerrit Huy aus Marktanalysen und Meinungsumfragen herauslas und allgemeinen gesellschaftlichen Diskussionen entnahm. Es spricht für sie, wenn sie diesen Erfolg nicht für sich allein beansprucht. Gerrit Huy verweist sofort darauf, daß die Idee zur Vision A ursprünglich von Technikern und Ingenieuren ihres Bereiches kreiert und von ihr lediglich unterstützt und gefördert wurde. Allerdings wird das „mobile Baby" selbst ohne ihr Zutun ins Rollen kommen müssen, denn schon kurz nach dem Vorstandsbeschluß, die Vision A zu bauen, wechselte Gerrit Huy ihren Arbeitsbereich: der nächste Karriereschritt.

1994 veränderte sich das Direktorium für Entwicklungen bei Mercedes, Gerrit Huy stellt sich neuen Aufgaben: Im Sommer des Jahres übernahm sie die strategische Produktplanung, die Vorentwicklung und die zentrale Werkstofftechnik des Unternehmens. Eine Position, in der die Belange eines Autounternehmens entscheidend und auf längere Sicht geprägt werden. Zusammen mit einem Team von 900 Mitarbeitern erarbeitete Gerrit Huy also Ideen, wie das Zukunftsauto von Mercedes aussehen wird. Forschungsaufträge dafür betreffen nicht nur Materialien, sondern auch Antriebstechniken, die heute weit mehr Anforderungen erfüllen müssen als noch vor Jahrzehnten. Die entscheidungsfreudige Direktorin betreute deshalb Konzepte und Entwicklungen, die frühestens vier bis sechs Jahre später auf den Markt rollen würden. Die wichtigste Frage in ihrer Abteilung: „Was passiert in fünf oder zehn Jahren?"

Bei der Antwort helfen Szenarien, die bei Marktstrategen und unterschiedlichen Instituten in Auftrag gegeben werden. Anhand von Hochrechnungen, Umfragen und Medienberichten erstellen sie Szenarien, die den Verkehr der Zukunft beschreiben, den Verkehrsalltag, auch den Energiebedarf und -verbrauch und natürlich auch Forderungen an das Auto. Parallel dazu beschäftigte sich Gerrit Huy mit jenen Ergebnissen, die aus den Forschungsabteilungen von Daimler Benz kamen, und klärte deren möglichen Nutzen fürs Automobil ab. Daß sie dabei von ihren Management-Kenntnissen und dem technischen Sachverstand aus Studium und Laufbahn profitierte, versteht sich von selbst.

Die Schwerpunkte, die Gerrit Huy sich für dieses Aufgabengebiet formulierte, beschrieb sie in offiziellen Interviews und Presseunterlagen mit knappen Worten: „Alternative Antriebe, Drei-Liter-Auto und ökologische Fragestellungen mit übergreifendem Charakter." Will heißen: Gerrit Huy reicht es nicht aus, neue Antriebe und Technik entwickeln zu lassen, sie möchte die Zukunftsmodelle von Mercedes künftig stärker als Teil eines Verkehrs- und Umweltsystems betrachtet wissen. Ein Anspruch, der vor allem auf die Arbeitsweise zielte und einzelne Bereiche in ihrer Verantwortung näher zusammenbrachte.

Es paßte zu diesem Aufgabengebiet, daß sie 1995 zusätzlich zur Umweltbevollmächtigten des Unternehmens avancierte. In dieser Doppelfunktion half sie intern, die Produkte von Mercedes zu optimieren, indem sie für Abgasemission, Kraftstoffverbrauch oder Recyclingfähigkeit Forderungen formulierte. Gleichzeitig beeinflußte sie den Fabrikationsprozeß durch ökologische Forderungen und Aspekte. Alles in allem: die gestalterischen Möglichkeiten haben mit der Zeit sichtbar zugenommen - und damit auch die Freude an der Arbeit und der Verantwortung. Außerdem ist Gerrit Huy seit 1995 nicht mehr die einzige Direktorin im männerlastigen Vorstandsgremium des einflußreichsten deutschen Autounternehmens. Zwischen den 68 Direktoren des Konzerns sitzt nun auch Annette Winkler, promovierte Wirtschaftswissenschaftlerin und ehemalige Bauunternehmerin, die den Bereich Öffentlichkeitsarbeit und Außenwirkung bei Mercedes leitet.

Lange Zeit die einzige Frau mit Einfluß in dieser Männerwelt zu sein, daran hat sich Gerrit Huy inzwischen gewöhnt. Es fiel ihr leicht. So weit oben in der Hierarchie, meint sie, wäre das Geschlecht nebensächlich. Unproblematisch war ihre Spitzenposition dennoch nicht. Immer wieder wurde von Gerrit Huy verlangt, Stellung zu beziehen zum Thema Frauen in der Autoindindustrie im Allgemeinen oder zum Thema erfolgreiche Frauen im Besonderen: Sicher empfände sie Frauen als Bereicherung in den Männerdomänen, sagt sie dann. Sie kenne auch die Schwierigkeiten, als Frau in dieser Branche Karriere zu machen, und selbstverständlich würde auch sie einen betriebsinternen Kindergarten befürworten. Doch ihre Ungeduld bei diesen Fragen ist deutlich spürbar. Gerrit Huy fühlt sich dabei Erwartungen ausgesetzt, die sie nicht erfüllen kann und auch nicht will. „Seitdem ich hier bin, hat sich viel verändert. Nicht, daß ich mich darum bemüht hätte, aber offensichtlich hat die Gegenwart einer Frau schon ausgereicht", stellt sie nüchtern fest und verweist auf die gewachsene Diskussionsbereitschaft in Sachen Frauen oder die Frauenbeauftragte bei Mercedes Benz.

Wie sie allerdings ihren Tagesablauf zwischen Unternehmen und Familie organisiert, darüber hat sich Gerrit Huy striktes Interviewverbot auferlegt. Die Gefahr, in den Medien und rückwirkend auch in der Branche als Alibifrau und nicht durch ihre Leistung Beachtung zu finden, erschien ihr in den ersten Jahren an der Spitze berechtigterweise zu groß. Interessanter fand und findet sie es ohnehin, über Teilchenphysik oder Transformationstechnik zu sprechen oder die Zukunft des Autos und - neuerdings - auch die von Informationskanälen und Kommunikationstechniken zu bewerten.

Hier schloß sich in den vergangenen Jahren der Kreis zwischen einstigem Anspruch und Alltag: Statt als Wissenschaftlerin für die Zukunft von Technik und Menschen zu forschen, gestaltete Gerrit Huy als Direktorin bei Mercedes Benz ganz praktisch die Zukunft auf den Straßen und stellte die Weichen in einem der wichtigsten sozialen Bereiche: der individuellen Mobilität. „Ich bin nicht dafür, daß alle sich uneingeschränkt verwirklichen können auf Kosten der nächsten Generation," sagte sie dazu.

Eine Maxime, die sie auch bei ihrem jüngsten Karriereschritt begleiten wird - wenn auch in diesem Geschäftsbereich die Auswirkungen für kommende Generationen (noch?) nicht so stark umstritten sind wie bei Automobilen. Im Mai 1996 wurde Gerrit Huy zum Vorstands-Mitglied der Daimler-Benz-Tochter debis (Daimler-Benz Interservices) ernannt. Statt mit Autos hat sie es nun mit Telekommunikation und Datenübertragung zu tun - ein ebenso wichtiger gesellschaftlicher Bereich wie der Verkehr. Und wie schon einmal muß sie die Rolle spielen, in einer weitgehend von Männern beherrschten Branche eine der ersten Frauen in höchster Position zu sein.

Erika Emmerich

Einen anderen Weg zur Spitze schlug die bereits zitierte Erika Emmerich ein. Sie ist seit 1989 Präsidentin des Verbandes der Automobilindustrie (VDA) und betreibt erfolgreich Lobby-Arbeit für die Unternehmen. „Mit ihrer

Berufung bricht der Verband nicht nur mit der Tradition, erfahrene Automanager mit der Führung des VDA zu betrauen. Zum ersten Mal auch wird mit der gebürtigen Magdeburgerin eine Frau an der Spitze der mächtigsten Industrie-Interessenvertretung stehen" - so reagierte das Wochenblatt *Die Zeit* auf die Ernennung von Erika Emmerich (Hauch-Fleck, 1988).

In Wirtschaft, Politik, Medien war man erstaunt: „Keiner hat mich gefragt, was ich hier machen will, alle wollten wissen, wie ich als Frau dazu komme", kommentierte die Kandidatin selbst wenig später ironisch diese Reaktionen. Sie wußte, sie steuerte mit diesem Posten in „frauliches Niemandsland". Dabei gab es an ihrer fachlichen Kompetenz gar keinen Zweifel.

Als Leiterin des Kraftfahrt-Bundesamtes in Deutschland hatte Erika Emmerich bewiesen, daß sie sich in der Materie Auto und Verkehr auskannte. Denn im Flensburger Amt werden nicht nur Verkehrssünder erfaßt, sondern vor allem neue Fahrzeuge auf ihre Sicherheit überprüft und für den Verkehr zugelassen. Hier entstehen außerdem Studien zur Verkehrssicherheit und zum Unfallgeschehen.

Außerdem verfügte Erika Emmerich kraft dieses Amtes, das eng mit Ministerien, Versicherungen und Automobilherstellern sowie Verkehrsorganisationen kooperiert, über beste Kontakte nicht nur innerhalb der Branche, sondern als aktives, engagiertes CDU-Mitglied zudem zur Politik. Auch diese Tatsache dürfte die Wahl begünstigt haben. Schließlich kündigten sich zum Amtsantritt die grundlegenden Fragen schon an, mit denen die Autoindustrie in den kommenden Jahren konfrontiert werden sollte.

Diskussionen um Umweltfreundlichkeit und Ökologie des Verkehrs hatten das Auto in den Mittelpunkt der Kritik gerückt. Überdies begannen sich die starke Konkurrenz Japans und damit die großen wirtschaftlichen Probleme der deutschen Autoindustrie abzuzeichnen, und schließlich stand 1992 auch der europäische Binnenmarkt mit seinen neuen Regeln an. So war es nicht verwunderlich, daß die Autoindustrie sich einen Vertreter und Repräsentanten suchte, der neben wirtschaftlichem und technischem Know how vor allem juristisches Spezialwissen mitbrachte und wichtige Politiker kannte. Von diesen profunden Voraussetzungen war allerdings vor und nach der Wahl Erika Emmerichs nur nebenbei die Rede.

Als bemerkenswert galt, daß nun eine Frau einem der größten und einflußreichsten Spitzenverbände der deutschen Wirtschaft vorstehen sollte. Dieser versammelt immerhin über 500 Mitglieder und vertritt einen Wirtschaftszweig, der Anfang der neunziger Jahre - indirekt oder direkt - noch jedem siebten Arbeit gab: eine starke Kraft im Staat, die nichts von ihrem Einfluß eingebüßt hat, auch nachdem durch die Rezession in den vergangenen Jahren knapp 200.000 Arbeitsplätze verloren gingen. Erika Emmerich hat nie einen Hehl daraus gemacht, daß sie möglicherweise auch als Quotenfrau gewählt wurde, sie kommentierte das jedoch so: „Ich bin eingebildet genug, um davon auszugehen, daß ich nicht allein deshalb das Angebot erhalten habe" (Heggen, 1989).

Die Präsidentschaft bei der Vertretung der Autoindustrie ist der vorläufige Höhepunkt ihrer „dreispurigen" Laufbahn, wie Erika Emmerich diese selbst bezeichnete. 1996 wird sie mit Ablauf ihrer Amtsperiode ausscheiden. Die Juristin engagierte sich im Beruf wie auch aktiv in der Politik, hat außerdem drei Töchter. Die Eckdaten ihres Erfolges sind schnell aufgezählt, Umwege hat sich Erika Emmerich nicht erlaubt. 1934 in Magdeburg geboren, wuchs sie mit den Problemen eines Zulieferbetriebes auf, den ihr Vater besaß. Nach dem Abitur (1951/52) studierte sie in Hamburg, Innsbruck, Freiburg, Bonn und Köln Jura und promovierte 1964 über ein Thema aus dem öffentlichen Recht. Anschließend ging sie als Referentin ins Bundesministerium für Verkehr und stieg dort bis zur Referatsleiterin im Bereich Straßenverkehr und Grundsatzfragen der Verkehrspolitik auf.

Das Kraftfahrt-Bundesamt, eine dem Verkehrsministerium unterstellte Institution, rief sie 1983 nach Flensburg.

Nach Frankfurt, zum VDA kam sie sechs Jahre später. Trotz ihres gradlinigen Weges an die Spitze - als „Karrierefrau" mag sich Erika Emmerich nur ungern bezeichnen: „Damit verbindet man immer, daß eine Frau die Karriere an die erste Stelle gesetzt hat und ihr Familienleben dem unterordnet," sagt sie.

Die Kinder hatten aber nach Möglichkeit Vorfahrt. Es war kein leichter Weg, zumal Erika Emmerich nach ihrer Scheidung 1979 ihre Töchter allein großzog. Wenn sie die Nöte und Sorgen von Alleinerziehenden thematisierte und für eine Erleichterung ihres Alltags eintrat, sprach daraus eigene Erfahrung: „Es war immer ein fürchterliches Hangeln. Wenn ich zu Hause blieb wegen der Kinder, hatte ich ein schlechtes Gewissen wegen des Berufs. Und oft, wenn ich beruflich unterwegs war, hatte ich ein schlechtes Gewissen wegen der Kinder. Das war für mich das größte Problem."

Farbe hat Erika Emmerich allemal in die Vorstandsetagen der Autoindustrie gebracht, nicht nur mit ihren bevorzugt farbenfreudigen Kostümen. Kompetent und sachlich hat sie in den vergangenen Jahren mit Politikern um die Interessen der Autoindustrie gestritten. Anfang der neunziger Jahre versammelte sie Vertreter aus Autoindustrie, Umweltverbänden und Politik, um das Recycling-Problem von Gebrauchtwagen zu lösen. Eine Diskussion, die noch heute anhält. Als 1993 die Interessen der Zulieferer mit denen der Hersteller kollidierten, brachte sie die Kampfhähne an einen runden Tisch und initiierte ein Regelwerk der Zusammenarbeit. Und neuerdings sind es Standortfragen, die Erika Emmerich stellvertretend für die Autobranche gegenüber Politik und Sozialpartnern vertritt.

Als wichtigste Themen zu Beginn ihrer Amtsperiode galten der VDA-Präsidentin die europäische Harmonisierung, Ökologie und Fahrsicherheit. Unter ihrer Ägide entstanden Vorschläge für ein Recyclingsystem, aber auch Strategien für Verkehrsmanagement. Anerkannt ist die agile Präsidentin bei ihren Gesprächspartnern und Mitarbeitern vor allem deshalb, weil sie stets weiß, wovon sie spricht. Zwar arbeiten ihr Experten zu, doch mehr als auf deren Recherchen verläßt sich Erika Emmerich auf ihre Erfahrungen.

Als sie in den siebziger Jahren im Bundesverkehrsministerium für Fragen der Kraftfahrerausbildung zuständig war, setzte sie sich nochmals in die Fahrschule und überprüfte selbst, woran es in den Fahrschulen mangelte. Ähnlich motiviert hat Erika Emmerich in ihrer Karriere alle Straßenfahrzeuge bewegen gelernt und sich durch die

Fahrpraxis von Bussen, Straßenbahnen, Lastwagen oder Motorrädern die Kompetenz für ihre Ämter geschaffen: „Ich kann eine Sache nicht halb machen. Ich arbeite immer, und ich arbeite gern. Für mich ist es das Schlimmste, irgendwo abends in einer Gesellschaft zu sitzen und nur Blabla zu hören", meinte sie dazu (Heggen, 1989).

Diskussionen um den Sinn des Autos betrachtet sie ärgerlich und ungeduldig „wie das ewige Reden über Diät an vollen Tischen". Daß der größte Teil des Verkehrs auch in den nächsten Jahren über das Auto abgewickelt werden wird, davon ist die Fachfrau überzeugt: „Das Auto befindet sich schon seit Jahren in einer Zwickmühle. Fast jeder hat es, will es, braucht es. Aber nicht jeder bekennt sich auch dazu." Technik und Industrie können, hofft sie nicht nur als VDA-Präsidentin, das Dilemma lösen. Aber: „Technik ist ein undankbares Geschäft. Jede Neuerung und Verbesserung wird wie selbstverständlich angenommen und genutzt. Aber keiner würde sich beispielsweise mal bei Bosch bedanken, weil ihm vielleicht ein Anti-Blockiersystem in einer kritischen Situation geholfen hat."

Veronique Lamblin

Zahlreicher als an der Spitze kamen Frauen im mittleren Management der Unternehmen auf Touren: vor allem im Vertrieb, im Marketing oder in der Personalabteilung. Anders sieht die Situation bei den technischen Berufen aus. Nur wenige Frauen kümmern sich um die Entwicklung von Auto-Neuheiten. Veronique Lamblin ist eine jener seltenen Ingenieurinnen. Sie unterstützt Karosseriedesigner mit ihrem Wissen und ihren Berechnungen. Ihr Spezialgebiet bei Renault ist die Zusammensetzung verschiedener Kunststoff-Komponenten - ein wichtiger Bereich, wenn es um die Entwicklung umweltfreundlicher Materialien geht, aber auch um die Belastbarkeit von Auto-Teilen aus Kunststoff.

Auf den ersten Blick erscheint Veronique Lamblin nicht wie eine typische Karrierefrau. Die zierliche Französin macht nicht viel Aufhebens um ihr Können und Wissen, reagiert zurückhaltend und nachdenklich auf Fragen. Schon nach kurzer Zeit nimmt sie durch fachliche Kompetenz für sich ein.

In der Schule von Reims glänzt Veronique Lamblin vor allem in den klassisch weiblichen Fächern: Sprachen und Geschichte. Doch nach dem Abitur 1979 macht sie diese nicht zu ihrem Beruf, sondern schreibt sich in Paris

für ein Ingenieursstudium ein. In Mathe und Physik hatte sie schließlich ebenfalls passable Noten. „An der Uni begeisterte ich mich mehr und mehr für die Naturwissenschaften", erinnert sich die Französin. „Ich fand es toll, die Welt um mich herum verstehen und erklären zu können."

Besonders Chemie und dort die Herstellung von Werkstoffen haben es der Studentin angetan. Das bringt ihr ein Stipendium ein und das Thema ihrer Abschlußarbeit: Gesponsort vom Erdöl- und Kunststoffkonzern Total erforscht sie in Amerika Materialkomponenten und nimmt danach 1988 - nach erfolgreichem Studienabschluß - eine Stelle bei Renault an: „Es wäre möglicherweise einfacher gewesen, in einem chemischen Labor zu arbeiten", sagt Veronique Lamblin heute. „Doch interessanter und spannender fand ich die Arbeit in einer Werkstatt, in der Kunststoffe auf ihren möglichen Einsatz hin entwickelt wurden."

Wie man Plastikmaterialien unterschiedlicher Schmelzpunkte, Konsistenz, Härte oder anderer Eigenschaften miteinander so kombiniert, daß ihre chemischen und physikalischen Vorteile nicht verloren gehen - mit dieser kniffligen Frage beschäftigt sich die Ingenieurin in den folgenden Jahren. Denn häufig werden von Kunststoffteilen im Fahrzeug völlig konträre Eigenschaften verlangt. Tragende Teile der Karosserie etwa müssen oft genug auf einer Seite weich und anschmiegsam sein, nach außen hin aber hart und widerstandsfähig. Der Kunststoff, der diesen Ansprüchen genügt, muß sorgsam ausgetüftelt werden. Zumal es sich allein aus ökologischen Gesichtspunkten verbietet, unterschiedliche Stoffkomponenten zusammenzubringen. Zusammengesetzte Kunststoffe sind eben schwerer wieder zu verwerten als sortenreine.

Inzwischen arbeitet Veronique Lamblin in der Entwicklungsabteilung von Renault, forscht nach Kunststoffen für die Zukunftsstudien von Autos. „Meine Ausbildung, also ein Studium in Frankreich und eines in Amerika, glichen die Tatsache aus, daß eine Frau eingestellt wurde", meint Veronique Lamblin im Rückblick. Denn wie bei einigen Professoren stieß sie auch als Ingenieurin auf starke Vorbehalte. Durch ihre Kenntnisse wurde sie gut damit fertig und bemerkte dabei, daß die Exotenstellung vieles erleichterte: „Die meisten Männer bewundern eine Frau, die einen männlichen Job macht. Sie wetteifern nicht so stark mit ihr - vielleicht, weil sie es gegenüber der Frau nicht müssen?"

Als Ingenieurin der Entwicklungsabteilung arbeitet sie in einem Team aus 30 Konstrukteuren, Technikern und Designern, gerade drei Frauen darunter, eine Sekretärin und zwei Ingenieurinnen: „Außer wenn sie neidisch auf die Leistungen der Frauen sind, mögen die Männer es, glaube ich, ganz gerne, mit ihnen zu arbeiten." Zu ihren Aufgaben gehört es, die Entwürfe der Karosseriedesigner umzusetzen: Veronique Lamblin prüft, welche Teile wie bearbeitet werden müssen, um später zu passen. Ihre Erfahrung über die Eigenschaften von Kunststoffen sind dabei hilfreich, wie auch bei der Berechnung des Materialverbrauchs, die sie mitliefert. Während des Entwicklungsprozesses entwickelt die Ingenieurin zudem die Voraussetzungen, um die von ihr geprüften Kunststoffe in Maschinen zu be- und verarbeiten. „Die Autoindustrie ist für einen Ingenieur zur komplexen und abwechslungsreichsten Materie geworden", meint Veronique Lamblin.

Die Aufgaben machen ihr sichtlich Spaß, auch wenn ihrer Meinung nach an dem Produkt, an dem sie mitarbeitet, viel verändert werden könnte. Sie ärgert sich über niedrige Sitze und über die Schwierigkeit, mit einem engen Rock ins Auto, gar auf den Rücksitz steigen zu müssen. Die Männer ihrer Abteilung haben sich mit ihrer Chefin arrangiert. Nur manchmal wundert sich noch ein Außenstehender, wenn eine Frau das Steuer in die Hand nimmt: „Mit zwei Kollegen mußte ich einmal zu einer Zulieferfirma fahren, die für uns Maschinen baut. Der Leiter dieser Firma war sichtlich schockiert, daß ich das Auto fuhr," erzählt sie lachend.

Lorene Leilich

Auch Lorene Leilich würde einige schocken - wenn sie am Telefon klarstellte, welche Position sie eigentlich innehat. Anrufer in ihrer Abteilung halten die Ingenieurin oft für eine Sekretärin. Eine Frau im Projektbereich Elektronik bei einem Autohersteller? Das kann in den Augen vieler keine Verantwortliche sein. „Sie wundern sich dann, daß ich die Fragen beantworten kann", meint Lorene Leilich trocken. Den Irrtum zu korrigieren, erspart sie sich meist. Die Ingenieurin bei Opel in Rüsselsheim will sich keine Gedanken über die Vorurteile anderer machen, und unter Kollegen und bei ihren Chefs sind ihre Leistungen anerkannt.

Das war schon so, als sie kurz nach ihrer Promotion vor über zehn Jahren bei Opel anheuerte. „Es waren wenige Frauen, die mit mir Physik studierten", erinnert sie sich an ihre Studienzeit, „und auch hier habe ich es vorwiegend mit Männern zu tun." Die Gründe für den Frauenmangel in technischen Berufen kann sich die Elektronik-Ingenieurin nicht so recht erklären: „Vielleicht liegt es an der Schule und daran, daß sich Mädchen dort manchen Fragen verschließen", sagt sie und berichtet von eigenen Erfahrungen. Einige ihrer ehemaligen Mitschülerinnen scheiterten im Physikunterricht, weil sie sich Phänomene nicht erklären konnten und vergebens nach Antworten suchten: „Manche Dinge sind nicht zu verstehen, man muß sie hinnehmen, wie sie sind", sagt Lorene Leilich.

Nach dem Abitur begann sie, Physik in Mainz zu studieren. 1977 folgte das Diplom, das damals auch als Staatsexamen anerkannt wurde. Die damals 23jährige ging danach wieder zur Schule und brachte als Referendarin den Gymnasiasten die Lehrsätze von Mathematik und Physik bei. Sie hätte bleiben, Lehrerin werden und ein sicheres Einkommen als Beamtin haben können. Ihre Gabe, gut zu erklären und Abstraktes näher zu bringen, war nicht nur ihr selbst positiv aufgefallen. Doch trotz guter Lehr-Angebote und gegen die Ratschläge von Freunden, kehrte sie zurück an die Universität nach Mainz und promovierte.

„Mit dem Studienfach Physik muß man flexibel sein," sagt die Ingenieurin und meint damit die vielfältigen Aufgabenfelder, in denen sich Absolventen dieses Faches austoben können. Physiker kommen in der Forschung unter, arbeiten in der optischen Industrie, entwickeln medizinisches Gerät, feinste Technik oder große Maschinen - kurz, sind die Allrounder der Naturwissenschaften. Beweglich-

140

keit in den eigenen Zukunftsvorstellungen sind allerdings dann gefragt, wenn man wie Lorene Leilich nach dem Studium eigentlich nicht weg will aus der Region, wo Freunde und Familie wohnen, es aber nur wenige Stellen für Physiker gibt.

Opel im knapp 20 Kilometer entfernten Rüsselsheim bot sich als ein Arbeitgeber an. Der Zuschlag der frischgebackenen Doktorin für Physik folgte prompt. Seit mehreren Jahren arbeitet Lorene Leilich nun in der Projektgruppe für Autoelektronik: „Wir betreuen die elektronischen Komponenten von der Idee bis zum Zeitpunkt in der Produktion, wenn sie durch neue, weiter entwickelte ersetzt werden", erklärt sie die Aufgaben. Das umfaßt die Entwicklung neuer Funktionen ebenso wie die Optimierung vorhandener Elektronik. Und sollte die Servicestation eines Opelkunden bei Problemen mit der Elektronik nicht weiterkommen, findet sie in der Projektgruppe Autoelektronik

den Ansprechpartner für die Lösung seiner Fragen. Weshalb Lorene Leilich nicht nur in einer Zukunftswerkstatt arbeitet, sondern auch damit vertraut ist, was den Autofahrer oder besser: den Automechaniker in Sachen Elektronik bewegt.

Sie selbst ist im Team die Fachfrau für Antiblockier-Systeme (ABS) und Traction-Control (TC), auch Antischlupf-Regelung (ASR) genannt. „Räder können beim Bremsen blockieren und beim Anfahren oder in Kurven durchdrehen. Für ABS und TC braucht man deshalb Sensoren, die die Radgeschwindigkeit in jeder Situation überwachen. Mit Hilfe dieser Sensoren kann kontrolliert werden, wie die Räder auf der Fahrbahn greifen, etwa auf nassen Straßen oder auf sandigem Untergrund. ABS und TC wirken dann auf Bremsen und Motorensteuerung und sorgen für die richtige Traktion", erklärt die Ingenieurin anschaulich das Problemfeld, das sie für neue Autotechnik einige Jahre lang beackerte.

Vor kurzem ist ihr Aufgabengebiet gewachsen. Lorene Leilich verantwortet die Arbeit eines Teams, das mit der gesamten Elektronik eines neuen Opel-Modells beschäftigt ist. Neben Brems-, Anfahr- und Kurvenverhalten und weiterer Sicherheitselektronik sind damit auch alltäglichere Funktionen ins Zentrum ihres entwicklerischen Interesses gerückt, beispielsweise die Steuerung von Motor und Getriebe. Elektronik ist eben wie die Physik ein weites Feld: Denn wie viele Techniker ist auch Lorene Leilich der Meinung, daß sich autotechnisch gesehen die Fahrzeugelektronik stark weiterentwickeln wird: „Der Elektronikbereich entwickelt sich am stärksten. Ansprüche an Sicherheit und Komfort werden hier noch einiges bewegen."

Die Vorgaben für neue Funktionen, die sie mit Zuliefer-Firmen, Werksingenieuren und -Mechanikern erarbeitet, kommen inzwischen aus der Marketing-Abteilung. Waren es in früheren Zeiten vor allem die Ingenieure, die nach Möglichkeiten suchten, die Bedienung von Autos zu erleichtern oder die Sicherheit auf der Straße zu erhöhen, werden mittlerweile neue Kundenwünsche aufgenommen, sortiert und überprüft. Danach erhalten die Ingenieure von den Marketing-Strategen ihre Aufgaben und Fragen, die sie im Team lösen werden. Eine Arbeit, die einiges an Geduld erfordert und oft Monate dauert: Sobald die technischen Voraussetzungen für einen dieser Wünsche geklärt sind, werden die dazu nötigen Einzelteile berechnet, gezeichnet und ausgetüftelt. Sie sollten sich möglichst zeit- und materialsparend zu einem ganzen Bauteil zusammensetzen lassen.

Anschließend stimmen Lorene Leilich und ihre Kollegen mit der Einkaufsabteilung ab, wer das nötige Zubehör zu welchem Termin liefert. Sie legen die Termine fest, wann die Funktionstüchtigkeit der neuen Komponente in werkseigenen Laboren, auf Teststrecken oder im Straßenverkehr ausprobiert werden kann.

Hat ein Bauelement alle Tests überstanden, ist Lorene Leilich auch für den reibungslosen Einbau in Serienmodellen verantwortlich. Jedes Teil muß passen und möglichst schnell ins große Auto-Ganze einzusetzen sein. Monieren die Mechaniker am Band dabei Probleme, ist es an Lorene Leilich und ihrem Team, in kürzester Zeit Ideen zur Änderung der Komponente zu liefern: „Ich habe Kontakt zu allen Labors und zur Fahrzeugtechnik. Wenn ich will, kann ich bei den Tests dabeisein oder mich beim Einbau vergewissern, ob's klappt. Die Arbeit ist sehr vielseitig."

Faszinierender allerdings als die vielen möglichen Aufgaben findet Loren Leilich die Tüftelei an einem Elektronikteil: „Den größten Spaß macht es, wenn ich mit Lieferanten das erforderliche System spezifiziere. Oder wenn am Produkt etwas nicht stimmt, ich die Lösung finde und so dem Betrieb eine ganze Menge Kosten ersparen kann."

Obwohl Lorene Leilich lange Zeit eigenverantwortlich an der Optimierung von elektronischen Systemen für Räderwerk und Bremsen arbeitete, sah sie ihre Arbeit immer als Ergebnis eines Teams. Eine Situation, die sich mit den neuen Aufgaben noch verstärkt hat. Als Teamleiterin im Elektronikbereich für ein neues Fahrzeugprojekt bringt sie die unterschiedlichsten Ingenieure, Techniker und Mechaniker ihrer Abteilung zusammen, koordiniert deren Aufgaben und Pläne, kümmert sich um den finanziellen und organisatorischen Rahmen. Noch ein Grund, warum sie ihre Arbeit mag: „Man muß den Zusammenhang von Elektronik, Labor, Fahrzeug-Technik doch als Team sehen. Ein Auto funktionstüchtig und nach modernen Ansprüchen aufzubauen, das erfordert Teamgeist, das kann einer nicht alleine schaffen."

Doch so positiv gestimmt, wie sie heute nach Rüsselsheim fährt, war Lorene Leilich nicht von Anfang an. Ihr erschienen die Aufgaben an ihrem Arbeitsplatz zunächst fremd und abstrakt. Sie bearbeitete damals Ausstattungswünsche, die sie sich selbst als Berufseinsteigerin längst nicht leisten konnte. Es fehlte der Sinn in ihrer Arbeit. Erst als die elektronischen Helfer zur Serienausstattung gehörten, im Auto zur Regel wurden und sie die Früchte ihrer Arbeit genießen konnte, verlor sich die Distanz zu ihren

Aufgaben: „Von diesem Zeitpunkt an habe ich unheimlich gern an meinen Systemen gearbeitet."

Veronika Offermanns

Im Vergleich zu Lorene Leilich und Veronique Lamblin hat Veronika Offermanns bei Porsche eine fast schon klassische Frauenposition inne. Sie arbeitet im Vertrieb der Sportwagenfirma, verantwortet dort den Verkauf von Neuwagen an Autohäuser und betreut 15 Porschezentren im Norden Deutschlands. In ihrem Fall ist die Position noch immer eine Besonderheit: Bringt Veronika Offermanns doch Sportwagen an den Mann. In den vergangenen Jahren zwar zunehmend auch an die Frau, doch geblieben ist die vage Vorstellung von männlichen Produkten, die von Männern an Männer verkauft werden.

„Ich erfülle Träume", sagt Veronika Offermanns, und ein wenig Stolz klingt mit: „Die Marke weckt Begeisterung, meine Position ebenfalls." Die Vertriebsleiterin gewinnt ihrer Außenseiterposition nur Positives ab. In ihrem Bekanntenkreis erntet sie als Mitarbeiterin beim exklusiven Sportwagenhersteller Bewunderung, bei Fremden erregt die Kombination Frau und Sportwagen besonderes Interesse, häufiger aber noch Erstaunen. Veronika Offermann bekommt regelmäßig die Frage zu hören: „Wie kommt man denn als Frau an eine solche Position?"

Die Antwort lautet: mit Glück, Verstand, Ehrgeiz und Engagement. „Ich war zur richtigen Zeit an der richtigen Stelle und hatte es mit Chefs zu tun, die keine Vorurteile gegen Frauen hatten." Daß Veronika Offermanns die nötigen Kenntnisse mitbrachte, versteht sich für die Karrierefrau von selbst: „Ich bin nie nach dem Motto: wir brauchen hier 'ne Quotenfrau, eingestellt worden, sondern aufgrund von Qualifikation und durch gezielte Weiterbildung. Gegen eine Bevorzugung allein wegen meines Geschlechts würde ich mich wehren."

Zuweilen über einen Umweg, immer aber zielstrebig in Richtung Erfolg hat die gebürtige Aachenerin ihre derzeitige Position angesteuert. Das Mathematik-Studium brach sie ab, als ihr die Welt der Zahlen zu trocken und zu leblos erschien. Sie arbeitete danach bei einem Computerhersteller, organisierte das Sekretariat und nahm nebenbei jede Möglichkeit zur Qualifizierung wahr. Aus privaten Gründen orientierte sie sich Mitte der achtziger Jahre nach dem Süden Deutschlands, suchte dort nach Arbeit. Selbstbewußt wie sie ist, wählte sie unter möglichen Arbeitgebern die bekanntesten Firmen von Stuttgart: die Computerhersteller IBM und Hewlett Packard, die Autounternehmen Daimler Benz und Porsche. Nur bei diesen Unternehmen erwartete sich Veronika Offermanns beste Chancen für Aufstieg und für eine interessante Tätigkeit.

Eine Karriereplanung, die sich realisierte. Bei Porsche wurde sie auf Anhieb Vorstandssekretärin. Die Leistungen überzeugen. Der damalige Vorstandsvorsitzende Peter W. Schütz befördert Veronika Offermanns schon bald darauf zu seiner persönlichen Assistentin. „Mein Chef, der das damals auch gegen kritische Stimmen durchgesetzt hat, bewies damit Rückgrat", kommentiert sie.

Veronika Offermanns erarbeitet sich Erfahrungen im Management und wechselt nach Schütz' Ausscheiden aus dem Porsche-Vorstand 1988 in den Vertrieb. Dort, wo man sich um die weltweite Auslieferung von Sportwagen kümmert, koordiniert die damals 30jährige zunächst das Geschehen auf dem amerikanischen Markt des Unternehmens. Nach dieser „reinen Stabsfunktion" wird ihr zwei Jahre später die Regionalleitung für Norddeutschland übertragen. Seither betreut sie wahlweise aus der Zentrale in Ludwigsburg oder von ihrem Büro in Bissendorf bei

Hannover aus mehr als eine Handvoll Autohäuser, die alle eines gemeinsam haben: Sie werden von Männern geleitet.

Am Telefon erweist sich Veronika Offermanns als eine zähe und bestimmte Verhandlungspartnerin. Unbegründete Einwände ihres Gegenübers läßt sie nicht zu, sie weiß, was sie will und von ihren Ansprechpartnern verlangen kann. Zögern und Fragen räumt sie mit knappen, sachlichen Antworten beiseite. Sie ist präsent, von weiblicher Zurückhaltung oder Unsicherheit keine Spur. „Die Autoindustrie ist eine Herausforderung, weil man sich dort als Frau immer wieder neu beweisen muß," sagt sie. Stets auf dem Prüfstand stehen, immer wieder Fachwissen bezeugen, hinterlistige Fragen erkennen und tiefgründig beantworten - darauf hat sich Veronika Offermanns von Anfang an eingestellt: „Mir war klar, daß ich hier mehr reinbeißen muß als männliche Kollegen."

Inzwischen haben Händler wie auch kritische Kollegen begriffen, daß Veronika Offermanns ihr Handwerk versteht. Selbst private Unterhaltungen - etwa wenn mal wieder einer danach fragt, wie sie zu ihrem Job kam - nutzt sie zur Verbreitung von Markenimage und Fahrzeugqualitäten, von denen sie hundertprozentig überzeugt ist: „Porsche ist kein Massenprodukt, sondern eigentlich ein Luxusartikel. Auf keinen Fall nur Auto, sondern auch Spielzeug, Hobby oder Traum." Damit erklärt die Regionalleiterin auch, warum sich Porsche nie um Frauenwünsche kümmern mußte. Wer einen Sportwagen fährt, das weiß sie, macht Abstriche, vor allem dort, wo es um den praktischen Nutzen seines Autos geht. Niedrige Ladekanten, großer Kofferraum, Wirtschaftlichkeit - alles Fragen, die die Kollegen von Opel, Volkswagen, Audi insbesondere von Frauen gestellt bekamen, die aber sportliche Fahrer(innen) eines bekannt exklusiven Autos nicht interessieren: „Die Bedürfnisse von Fahrern gegenüber Fahrerinnen unterscheiden sich bei unserer Marke nicht. Deshalb gibt's auch kein Frauenauto von Porsche. Damit würden Frauen wie auch das Produkt diskriminiert werden."

Viele Frauen sind allerdings nicht in einem Sportwagen oder Porsche unterwegs. In jüngsten Umfragen rangiert Porsche auf Platz Drei der Wunschautos von Frauen. Fast jede zehnte Frau würde sich gern einen Porsche leisten. Das Leistenkönnen ist jedoch keine Frage vernachlässigter Bedürfnisse, wie Veronika Offermanns weiß, sondern im Fall Porsche eine des zu kleinen Portemonnaies, aber auch eine eingefahrener Rollen: „Die Frau am Steuer eines schnellen Wagens oder eines Porsche, ist einfach noch nicht das gewohnte Bild."

Noch ein Grund, warum sie auf Dienstreisen auffällt und Interesse, oft auch Neidgefühle weckt, gelegentlich sogar unfair ausgebremst wird. Die Absatzzahlen aus dem Computer verkünden jedoch, daß immer mehr Frauen sich den Luxus eines Sportwagens leisten und deshalb Porsche fahren. Sie wählen dann, weiß die Verkaufs-Fachfrau zu berichten, den Klassiker: den Porsche 911, ein Auto, das stolze 127.000 Mark kostet. Der Erfolg von Frauen-Karrieren zeigt sich heute eben auch auf der Straße. Die Regionalleiterin von Porsche registriert das mit Freude. Auch, daß sich teure Träume in schlechten Zeiten besser verkaufen als nützliche Alltäglichkeiten, findet sie beachtenswert. Sorgen um ihre Zukunft macht sich Veronika Offermanns deshalb nicht. Den sportlichen Wagen einer anerkannten Marke zu fahren, ist - Umweltproblemen und Autokritik zum Trotz - noch immer der Wunsch vieler. Veronika Offermanns dient ihnen mit den passenden Argumenten: „Abgasproblemen kann man begegnen, durch Katalysatoren oder andere technischen Entwicklungen zum Beispiel. Unsere Autos müssen nicht recycelt werden, weil sie gerade im Alter zum umhegten Liebhaberwagen werden."

Barbara Beck

Einen abseitigen Weg in einer Männerdomäne hat in vielen Augen Barbara Beck eingeschlagen. Die Wahlmünchnerin ist Betriebsrätin bei BMW, bekennt sich als solche einerseits klar zur Quote, aber auch zur Lust an Macht und Einfluß. „Ich wollte eigentlich schon immer Betriebsrätin werden", meint sie unumwunden. „In der Schule habe ich meine Klasse vertreten, in der Ausbildung war ich die Sprecherin für Lehrlinge, und in diesen Interessensvertretungen habe ich gemerkt, daß man dabei sehr gut gestalterisch arbeiten und Einfluß nehmen kann."

Schon in den ersten Sätzen ist herauszuhören, daß Barbara Beck persönlich viel erreicht hat. Seit 1991 ist die engagierte Technikerin hauptamtliche Betriebsrätin und somit von ihren ehemaligen Aufgaben in der Entwicklungsabteilung des Autoherstellers freigestellt. Sie ist Vorsitzende des Personalausschusses, beeinflußt dort Kündigungen, Einstellungen, aber auch die Gehaltsstrukturen des Unternehmens. Sie leitet den Frauenausschuß des Autoherstellers, beachtet in diesem Gremium, daß die Bedürfnisse von Teilzeitkräften, Müttern, Ausländerinnen, Angestellten wie Arbeiterinnen in Betriebs- und Arbeitsvereinbarungen nicht zu kurz kommen. Und schließlich ist sie noch in der Industriegewerkschaft (IG) Metall aktiv, hat es auch dort bis in den Beirat - „eine Stufe unter dem Vorstand", wie sie erklärt - und in den Arbeitskreis Autoindustrie geschafft: „In diese Männerdomäne eingebrochen zu sein, das macht mich richtig stolz", lächelt Barbara Beck hintersinnig.

Es muß kaum erwähnt werden, daß sie sich auch mit einigen anderen Schritten als erste Frau Eintritt in diverse Männerzirkel verschafft hat. Das ist ein Teil ihrer Strategie, und Barbara Beck hat schnell erkannt, daß dabei diplomatisches Geschick, Geduld, Pragmatismus wie auch eine realistische Sichtweise wirkungsvolle Waffen sein können. Während Männer, wie sie es oft in den ersten Minuten von Sitzungen erlebt, um ihre Positionen streiten, lehnt sie sich entspannt zurück, überlegt, was sie wie durchsetzen will, und erklärt sich danach zuweilen gern bereit, die ungeliebte Aufgabe des Protokolls zu übernehmen. Sie hat erkannt, daß sie dabei Fragen in ihrem Sinne formulieren und beeinflussen kann, daß nach den Treffen oft genug die Fäden in der Hand der Protokollantin zusammenlaufen, wenn diese die Teilnehmer an ihre Pflichten und Aufgaben erinnert. „Es interessiert mich nicht, welchen Rang ich einnehme. Aber ich weiß, daß dies in der Werteskala meiner männlichen Umgebung wichtig ist", sagt sie, und: „Frauen leben nicht in Machtstrukturen und erkennen diese meistens auch nicht. Erkennt man jedoch diese Strukturen nicht, kann man sie auch nicht für sich nutzen."

Realismus gekoppelt mit Geduld haben ihr schon einige stille Triumphe beschert. „Ich habe Forderungen durchaus mal hintenangestellt, um erst andere durchzusetzen, aber auch, um den richtigen Zeitpunkt abwarten zu können", sagt Barbara Beck. „Und ich habe mir niemals die schwersten Dinge vorgenommen, sondern Aufgaben, die mit meinen Kenntnissen zu bewältigen waren. Ich mußte mich also nie als Mitläufer durchlavieren, sondern konnte mich immer gut exponieren."

Allerdings sah es für Barbara Beck lange Zeit so aus, als ob keines ihrer Vorhaben recht gelingen wollte. Nach der mittleren Reife wurde sie in ihrer Geburtsstadt Salzgitter zur Technischen Zeichnerin geschult und zur Maschinenbau-Technikerin weitergebildet. Ihr Ziel lag nahe: Sie wollte unbedingt zu Volkswagen, nicht nur wegen der guten Arbeitsbedingungen, sondern vor allem wegen des Betriebsrats, der beim niedersächsischen Autohersteller traditionell eine herausragende, einflußreiche Stellung hat. Es sollte nicht klappen mit der Anstellung, weshalb Barbara Beck in den späten siebziger Jahren ihre Heimatstadt verließ und ihr Glück in Berlin suchte. Dort fand sie sofort Arbeit als Konstrukteurin von Maschinen, lernte ihren Mann kennen und kehrte mit ihm nach Helmstedt und in die Nähe von VW zurück.

1981, da war Barbara Beck 29, ging ihr damaliger Arbeitgeber - wieder ein Maschinenbauer und Auftragnehmer von Pelikan - in Konkurs. Es paßte, daß die Konstrukteurin schwanger war und erst mal für den Sohn pausieren wollte. Zwei Jahre - „für meine Begriffe viel zu lange" - blieb sie zu Hause, danach sattelte sie erneut um: „Auf Drängen meines Mannes ließ ich mich zur Technik-Informatikerin umschulen, ein Job, der damals eigentlich Lehrern als Alternative zur Schule angeboten wurde", berichtet sie. Im Arbeitsamt Helmstedt lernte man die Antragstellerin schnell als Frau schätzen, die sich durchzusetzen verstand. Eine Situation übrigens, die sich wiederholen wird.

Damals kam sie auch ohne das geforderte Studium in den Genuß der Weiterbildungs-Maßnahme und zur Fachschule. Wieder einmal steht das Ziel VW vor Augen, und wieder folgt die Absage: Einstellungsstop. Danach fügt sich Barbara Beck den Wünschen ihres Mannes, der seiner Heimat näherkommen und nach Süden gehen wollte. In München eine neue Situation: Die Arbeitsuchende kann sich mögliche Stellen aussuchen, die Mercedes – Tochter MTU und die Bayerischen Motorenwerke rücken in die engere Wahl der frischgebackenen Technik-Informatikerin: „Ich habe meinen Mann gefragt, welches Auto er fahren wolle. Die Wahl fiel auf BMW", erläutert die Betriebsrätin die Entscheidungsfindung.

Zum ersten Mal verliert sie an ihrem neuen Arbeitsplatz ihr eigentliches Ziel aus den Augen. Kein Wunder, denn schon nach kurzer Zeit - wieder eine dieser Bewährungsproben - wird ihr in der Entwicklungsabteilung die Verantwortung für eine Arbeitsgruppe übertragen: Als Stellvertreterin ihres schwer erkrankten Vorgesetzten organisiert Barbara Beck monatelang Termine für Versuchsaufbauten der neuen Motorentechnik, koordiniert Entwicklungsaufgaben zwischen ihrer Truppe und den Ingenieuren - und arbeitet sich zur Zufriedenheit aller in einen Bereich ein, der für sie selbst Neuland war: „Ich war damals fast die Jüngste im Team und auch noch diejenige mit der kürzesten Betriebszugehörigkeit", stellt sie heute noch staunend fest, und die Frage steht unausgesprochen im Raum, wie sie diese Chance überhaupt bekam.

Ihr Engagement und ihre glückliche Hand bleiben nicht verborgen, ebenfalls nicht das Talent, im rechten Moment zu vermitteln, und die Kunst, vorhandene Strukturen und Hierarchien zu nutzen. Als ihre Vertretung mit der Rückkehr des Gruppenleiters ausläuft, nimmt sich dessen Vorgesetzter Barbara Becks an. „Er traute mir Arbeiten zu, die ich noch nie gemacht hatte", erzählt sie. „Er ist wohl einer der wenigen Führungskräfte, die es verstehen, ihre Leute zu motivieren." Im Sturmschritt folgt ein Aufstieg, den die Betriebsrätin - das ist sie wohl ihrer Position schuldig - an Gehaltsstufen verdeutlicht: „Von einer Anstellung im Rang einer Sachbearbeiterin habe ich fast jedes Jahr eine neue Gehaltsstufe erreicht. Fünf Jahre, nachdem ich bei BMW angefangen hatte, verdiente ich außer Tarif. Ich habe in kürzester Zeit Dinge geschafft, für die auch Männer hier viel länger brauchen."

Das gilt ebenso für ihre Karriere innerhalb des Betriebsrates, für den sie 1990 kandidiert und gewählt wird. In kürzester Zeit übernimmt Barbara Beck auch hier Ämter und Aufgaben. Kollegen schätzen ihr Engagement und ihre Persönlichkeit. Ihre Laufbahn im Betriebsrat bei BMW ist zudem eng verbunden mit der Frauenbewegung innerhalb des Unternehmens. Fast parallel zur Amtseinführung der jungen Betriebsrätin bildet sich bei BMW nach einem Seminar eine Frauengruppe, die mit ihren Forderungen nach Chancengleichheit, Förderung und Kinderbetreuung die Unternehmensleitung in arge Bedrängnis bringt. Auch wenn sich das „Netzwerk" von BMW nach einiger Zeit wieder auflöst - die Frauen finden keinen gemeinsamen

Nenner, manche wollen sich auch nicht für andere einsetzen - Barbara Beck hat sich einige der Ansprüche zu eigen gemacht.

Ein Frauenausschuß wurde gegründet, der unter ihrer Leitung und in zähen Verhandlungen der Unternehmensführung wenn nicht eine gezielte Frauenförderung, so doch ein Familien- und Betreuungsprogramm abringen konnte. Das hilft Familien und insbesondere den Müttern, während der Arbeitszeiten geeignete Versorgungsplätze für Kinder zu finden, erleichtert in der Familien- oder Pflegepause den Kontakt zum Arbeitgeber und dadurch auch den Wiedereinstieg, bringt Mütter in den Genuß einer Zahlung von 250 Mark nach der Geburt eines Kindes. Ein Betreuungsprogramm übrigens, das offensichtlich auch bei den Männern gut ankommt. Zwar freut sich Barbara Beck über das erstaunlich gute Ergebnis, doch richtig zufrieden will sie sich damit nicht geben, denn: „Im Frauenausschuß machen wir viel Familienpolitik, obwohl es mir lieber wäre, mehr für die Frauenförderung zu tun."

Kostendruck und die Auswirkungen der Parolen vom „lean Management" oder „outsourcing", der Auslagerung von Aufgaben, sind gegenwärtig wohl die größten Probleme, die die 36 Männer und fünf Frauen des BMW-Betriebsrates beschäftigen, und nicht nur sie. „Die Frauen sind stärker vom Personalabbau betroffen, vor allem im gewerblichen Teil nimmt der Frauenanteil rapide ab. Dort müssen Frauen um ihre Arbeitsplätze kämpfen", weiß Barbara Beck. Nähereien oder das Zusammensetzen der Kabelbäume - klassische Frauenarbeit innerhalb der Automontage - werden in billigere Drittländer verlagert. Arbeiterinnen, die ungelernt in die Autoindustrie kamen, hier gute Verdienstmöglichkeiten vorfanden und auch Teilzeit arbeiten konnten, verlieren dadurch ihr Auskommen. Ein Teufelskreis beginnt: „Wenn man diesen Frauen sagt, der Kabelbaum wird aufgelöst, ihr könnt in die Bandmontage gehen, dann suchen die sich sofort etwas anderes", hat Barbara Beck beobachtet. „Frauen wollen nicht ans Band, weil es dort keine Frauen mehr gibt. Ich würde gern die Frauen zurück in die Band-Montage bringen, schließlich waren sie dort in den fünfziger und sechziger Jahren eine Selbstverständlichkeit."

Ähnlich das Bild unter den Angestellten und Sachbearbeitern: auch dort geht der Frauenanteil allmählich zurück. Am liebsten würde Barbara Beck deshalb eine Frauenquote selbst beim Stellenabbau einführen, doch das dürfte ihr schwerfallen: Schon bei Einstellung und Weiterbildung, wo die Quote üblicherweise ansetzt, lehnt BMW die gezielte Frauenförderung ab und setzt statt dessen auf Familienprogramme.

Krisenzeiten entlarven schöne Sprüche schnell als leere Versprechungen. Das trifft in der Autoindustrie vor allem auf die Anwerbung von Frauen zu. „Ich glaube, das Produkt Auto ist für Frauen weniger attraktiv, Männer finden es viel faszinierender, in der Autoindustrie zu arbeiten", meint Barbara Beck. Mädchentechnik-Tage, die besondere Werbung um Mädchen als Lehrlinge - die Betriebsrätin steht diesen Bemühungen äußerst kritisch gegenüber: „Es verbirgt sich sicher nicht dahinter, daß man die allgemeine Situation von Frauen verbessern will", kommentiert sie lakonisch. „Das sind Zugeständnisse an die Zeit, und das ist innerhalb einer Vermarktungsstrategie zu sehen."

Trotzdem wird Barbara Beck weiter dafür kämpfen, die Arbeitssituation von Frauen zu verbessern. Sie ist sich bewußt, daß auch in der Autoindustrie die Lösungen für wichtige gesellschaftliche Fragen gefunden werden müssen. Da möchte die Betriebsrätin natürlich die Frauen beteiligt wissen. Aber nicht nur deshalb wird sie künftig die Gratwanderung zwischen Familie und Arbeit auf sich nehmen und gegen das schlechte Gewissen einer Mutter angehen. Sie wird die Interessen anderer vertreten, weil sie dabei mitgestalten, beeinflussen und auf Entscheider einwirken kann: „Macht ist für die meisten Frauen ein negativer Begriff, für mich nicht, ich will Macht haben, um etwas verändern zu können."

Mobile Avantgarde

Frauen und Auto - das ist eine spannende, wechselhafte Beziehung: In seinen jungen Jahren hat das Auto die Gleichberechtigung der Frauen beflügelt. Es bot ihnen Chancen, Freiheit und Selbstverwirklichung. Andererseits haben die Fahrerinnen im Lauf der Zeit auch das Auto emanzipiert. Sie holten es mit ihrem Pragmatismus und einer ungezwungeneren Einstellung aus der Ecke eines faszinierenden Spielzeuges und Prestigeobjektes, betonten zur richtigen Zeit seinen Gebrauchswert und verhalfen ihm damit zum Ansehen eines hilfreichen Freundes. Patriarchale Strukturen und Denkweisen machen sich jedoch nach wie vor in der Autoindustrie, bei der Fahrzeugtechnik und beim Fahrverhalten bemerkbar, sie sind insbesondere in der Verkehrs- und Stadtplanung sowie in der Architektur vorherrschend. Die Bedürfnisse der Schwächeren werden über 100 Jahre nach der Erfindung des Motors noch immer kaum beachtet, obwohl doch angeblich Technik dem Menschen helfen und ihn entlasten soll.

Im Rückblick zeigt Berta Benz' Weltreise von Mannheim nach Pforzheim: Die Welt ist durch das Auto zusammengerückt. Wo früher noch Tagesreisen notwendig waren, genügen heute Stunden. Dafür zerteilen breite Straßen Siedlungen und Landschaften, verbinden Wohnorte mit Arbeitsstätten. Die meisten Innenstädte sind nachts menschenleer. Ihre Einwohner sind für billige Mieten oder bessere Luft ins Grüne gezogen. Der Stadtrand oder die Dörfer verlieren umgekehrt am Tag mit den Pendlern ihr Leben. Lange Arbeits- oder Versorgungswege werden dank der wachsenden Motorisierung gebilligt, stete Beweglichkeit ist zu einer Maxime für Erfolg geworden.

Die Maschine droht, den Menschen zu überrollen. In unseren Breitengraden sterben mehr Menschen im Straßenverkehr als durch schwere Krankheiten, Tausende werden durch ihn verletzt oder krank. Betroffen sind vor allem Kinder, Kranke und Alte. Umweltschäden und Fehler im Zusammenleben werden auch deshalb größer, weil der Verkehr falsch - also eher technisch als nach menschlichen Bedürfnissen bzw. zweckorientiert - organisiert wird: Wer kein Auto besitzt, und das sind zum größten Teil Frauen, Kinder und Alte, der muß die meisten Nachteile aus der wachsenden Mobilität ertragen: immer länger werdende Versorgungswege, Isolation, wirtschaftliche Einbußen etc.

Rund ein Viertel der Haushalte in Deutschland ist von dieser Situation betroffen. Trotz wachsender Absatzzahlen unter den Frauen können sich auffallend viele alleinstehende Mütter ein Auto und damit die heute erforderliche Mobilität nicht leisten. Nicht jede Lebensgemeinschaft und Familie verfügt über einen Zweitwagen. Traditionsgemäß nutzt dann der Ernährer, meist der Mann, das Auto, auch wenn sich der Gebrauch im Parken vor Werkstoren erschöpft, während das Fahrzeug von den (Ehe)Frauen zur Versorgung der Familie oder zum Transport der Kinder viel sinnvoller eingesetzt wäre. Die aus den Randbezirken der Städte oft langen Wege zu Geschäften, Ärzten, Schulen, Freunden oder Vereinen erfordern deshalb vor allem von Frauen und Kindern viel Zeit, Mühen und Organisation, in der Nacht auch Mut. Denn der öffentliche Nahverkehr ist

Mobilität

Soviel Mobilität aus eigener Kraft wie möglich, fordert die österreichische Psychologin Liselotte Schmidt. Nach ihrer Rangliste sollte an erster Stelle das Gehen stehen, danach das Radfahren, dann das Bahn- und Busfahren, zuletzt die Fortbewegung mit dem Auto. Sie hält es mit dem Reiseschriftsteller Johann Gottfried Seume, der folgendes zur Mobilität kundtat: „Wer geht, sieht im Durchschnitt anthropologisch und kosmisch mehr als wer nur fährt. ... Wo alles zu viel fährt, geht alles sehr schlecht: man sehe sich nur um! Sowie man im Wagen sitzt, hat man sich gleich einige Grade von der ursprünglichen Humanität entfernt. ... Fahren zeigt Ohnmacht, Gehen zeigt Kraft."

gegenüber dem Auto- und Individualverkehr nur unzureichend ausgebaut und bietet keine befriedigende Lösung dieser Probleme. Autofreundliche breite Straßen oder Unterführungen, wie sie in der Vergangenheit entstanden, flößen Frauen und Kindern oft Angst und Unbehagen ein, ebenso abgelegene Ecken in dunklen Tiefgaragen. Die Folge: Im Gegensatz zu Autofahrerinnen, die in der Nacht und in einsamen Gegenden auf die Sicherheit einer Zentralverriegelung schwören, ist die Bewegungsfreiheit von Fußgängerinnen und Familien ohne Auto beschnitten. Sie geben für ihre Sicherheit lieber Freunde und Möglichkeiten auf, indem sie zu Hause bleiben.

Auch das wiederum fördert bekannte Abhängigkeiten. Deshalb beginnen nicht nur kritische Soziologen, Historiker und Architekten sich mit der Diskriminierung von Frauen als Folge von Straßenplanung oder der gewohnten Bevorzugung des Autos in der Organisation von Verkehr auseinanderzusetzen. „An den alltäglichen Bedürfnissen von Frauen orientiert sich kein Verkehrsplaner, denn dem männlichen Prototyp dieser Spezies mangelt es an der nötigen Alltagserfahrung", stellte zum Beispiel Karin Flothmann 1992 in der *tageszeitung* fest. „Er setzt auf Technik. Geschwindigkeit und die Überwindung großer Entfernungen zählen."

Um diese Benachteiligung auszugleichen, muß das wachsende Verkehrsaufkommen neu geordnet werden. Diese Aufgabe zu bewältigen, wird wohl eine der größten Herausforderungen der kommenden Jahre sein. Dabei ist es an den Frauen, auf ihre Ansprüche und Werte zu bestehen: auch im Verkehr. Denn die Fehler von morgen beginnen sich schon abzuzeichnen: Verkehrspolitiker, die Vorstände der Autohersteller, aber auch Planer und Beamte suchen wieder einmal nur einseitig in der Technik Zuflucht. Leitsysteme und Computer sollen die gegenwärtigen Verkehrsprobleme lösen helfen. Doch auch diese Untersuchungen zielen wieder nur auf den Gebrauch des Autos.

Sinnvoller und zukunftsweisend hingegen wäre es, jene als Ausgangspunkt von Planungen heranzuziehen, die sich schon heute verantwortlich verhalten: ihre Wege bewußt planen

Ängste

74 Prozent der Frauen fühlen sich nach Einbruch der Dunkelheit auf den Straßen besonders gefährdet (Männer dagegen nur zu 32 Prozent). 63 Prozent fürchten sich vor Tunnel und Unterführungen, 62 Prozent beim Joggen, Fahrradfahren und Spazierengehen (Männer nur zu 30 Prozent), 58 Prozent in Tiefgaragen und auf Parkplätzen, 51 in dunklen Hauseingängen. Selbst zu Hause fühlen sich 20 Prozent der Frauen nicht sicher (Männer nur zu drei Prozent).

Angst-Strategie

Gegen die Angst auf nächtlichen Straßen schützen sich 53 Prozent der Frauen, indem sie nicht allein nach draußen gehen. 87 Prozent nehmen Umwege in Kauf, 46 Prozent achten auf eine unauffällige Kleidung, 57 Prozent lassen sich nach Hause fahren (Bus, Taxi), zwölf Prozent tragen Waffen mit sich (Tränengas, Gaspistole) und sechs Prozent haben Kräfte in einem Selbstverteidigungskurs gesammelt.

oder auf andere Verkehrsträger umsteigen, weil sie kein Auto haben, bzw. es gezielt benutzen. Das sind, wie vor allem Statistiker und Verkehrsforscher aufzeigen, zur Mehrzahl Frauen.

Die Soziologin und Verkehrswissenschaftlerin Meike Spitzner stellt dazu fest: „Die gängige (männliche) Verkehrsplanung und -politik versteht ihre Aufgabe heute meist immer noch als Verbesserung von ‚Auto‘-Mobilität, statt Mobilität ohne Auto als Bewegungsfreiheit zu sichern und zu gestalten. Daß ein großer Teil der Bevölkerung, nämlich die Frauen, (noch) nicht das Bild von einer ‚automobilen Gesellschaft‘ bestätigen, sondern eine (meist unfreiwillige) ‚ökologische Avantgarde‘ darstellen, an deren Mobilität und Mobilitätsproblemen sich Konzepte umwelt- und sozialverträglicher Verkehrsorganisation vorbildlich organisieren können, dringt nur langsam und gegen zähe Widerstände, meist über massive Konflikte, politischen oder publizistischen Druck in das Bewußtsein der ‚Verkehrs-Entscheider‘ ein.“

In Zeiten wirtschaftlicher Nöte ist Kritik allerdings nicht salonfähig: vor allem, wo Arbeitsplätze auf dem Spiel stehen - und etwa jeder siebte oder achte wird von der Autoindustrie beschäftigt. Frauen-Anliegen werden ebenfalls gern zurückgestellt, wo der Rotstift regiert.

Manch eine zieht sich angesichts dieser Hürden lieber zurück. Andere versuchen sich anzupassen und kämpfen mit männlichen Methoden um Position, Recht und Karriere. Wie falsch beides ist, zeigt sich im Auto und Verkehr. Sich vom Steuer wegdrängen zu lassen, heißt, auf Selbstverwirklichung zu verzichten und oft genug auch die eigene Sicherheit aufzugeben. Andrerseits fallen durch Aggression und Alkohol am Steuer oder überhöhte Fahrgeschwindigkeit merklich mehr Frauen auf als bisher. Ihr Anteil in Gruppen, die sich, um weiterfahren zu können, psychologisch begutachten lassen müssen, steigt ebenfalls unter den Verursachern schwerer Unfälle. Der Psychologe Gerd Kajan vom Technischen Überwachungsverein (TÜV) in Köln hat dafür nur eine Erklärung: „In der Wirtschaft hat eine Frau oft genug nur mit ausgesprochen männlichen Eigenschaften Erfolg. Das Verhalten spiegelt sich auch auf den Straßen.“

Statt männliches Fehlverhalten zu kopieren, sollten Frauen sich ihrer avantgardistischen Rolle bewußt sein. Ihr Fahrverhalten ist defensiv und vernünftig, - und somit zeitgemäß. Ihre Autowünsche unterscheiden sich von denen der Männer - und führen möglicherweise zu zweckmäßigeren und umweltgerechteren Fahrzeugen. Sie stehen tech-

gemäß. Ihre Autowünsche unterscheiden sich von denen der Männer - und führen möglicherweise zu zweckmäßigeren und umweltgerechteren Fahrzeugen. Sie stehen technischen Fragen zurückhaltender gegenüber, das aber gibt ihnen die Möglichkeit, den Nutzen von Fahrzeugen und Motoren radikal zu hinterfragen und deren Nachteile einzudämmen.

Das erfordert, daß Frauen sich unter anderem technische Kenntnisse aneignen, die ihnen vielleicht anfangs schwer zugänglich sind. Erst dann können sie sich mit Sachverstand einmischen: Nicht nur an der Konstruktion neuer Fahrzeuge mitarbeiten und den technischen Fortschritt mitgestalten. Sie können vor allem ihren Ansprüchen Nachdruck verleihen und die bisherige Einseitigkeit in Forschung und Technik in eine Vielseitigkeit umwandeln.

Bibliographie

Zitate, deren Herkunft hier nicht aufgelistet wurden, stammen aus persönlichen Gesprächen, die die Autorinnen mit Sportlerinnen, Psychologinnen, Managerinnen und Designerinnen geführt haben.

Bücher, Broschüren

Aral AG (Hrsg.): Autofahrerinnen, Essen 1988

dies.: Frauen fahren voran. Vom Selbst- und Fremdbild der Autofahrerin. Eine Aral-Studie, kommentiert von bekannten Persönlichkeiten und mit Illustrationen von Marie Marcks, Bochum 1993.

Arbeitgeberverband Gesamtmetall (Hrsg.): Mehr Chancen für Frauen in der Metall- und Elektroindustrie, Köln 1993.

Beinhorn, Elly: Mein Mann der Rennfahrer, Reutlingen 1955.

Benz, Carl: Die Lebensfahrt eines deutschen Erfinders, Leipzig 1925.

Berger, Roland; Servatius, Hans-Gerd: Die Zukunft des Autos hat erst begonnen, München/Zürich 1994.

Busch, Carola (Hrsg.): Leitfaden zur betrieblichen Frauen- und Familienförderung. Eine Broschüre der Vereinigung der hessischen Unternehmerverbände, Frankfurt, o.J.

Butz, Evi; Rosquvist, Evi: Die gute Autofahrerin. Das kleine Handbuch für die Dame am Steuer, Würzburg 1969.

De Lempicka-Foxhall, Kizette; Phillipps, Charles: Tamara de Lempicka. Malerin aus Leidenschaft, Femme fatale der 20er Jahre.

Übersetzt v. Bettina Runge. Zweite Aufl., München 1987.

Ergineezirt, Anton; Seiff Ingo: The Great Classics, London, 1990.

Frink, Gloria: Frau und Auto. Eine Untersuchung von Contest-Census im Auftrag des Burda-Verlages, Frankfurt/München 1990.

Junek, Elisabeth: Bugatti - Mein Leben, Wien 1990.

Keul, Alexander G.: Wohlbefinden in der Stadt, Weinheim 1995.

König, Wolfgang (Hrsg.): Propyläen Technik-Geschichte, Berlin 1990.

Kraus, Jobst (Hrsg.): Auto, Auto über alles? Nachdenkliche Grüße zum Geburtstag, Freiburg 1987.

Kriegeskorte, Michael: Automobilwerbung in Deutschland 1948 - 1968, Köln 1994.

Kubisch, Lutz-Ulrich: Taxi - das mobilste Gewerbe der Welt, Berlin 1993.

Mende, Hans-Ulrich v.: Vorfahrt für Verführer. Werbung rund ums Auto, Stuttgart 1991.

Néret, Gilles; Poulain, Hervé: Bilder einer Leidenschaft. Autos, Frauen, schöne Künste. Übersetzt v. Renate Daric, Stuttgart 1991.

Oswald, Werner: Deutsche Autos 1920 - 1945, Stuttgart 1977.

Sachs, Wolfgang: Die Liebe zum Automobil. Ein Rückblick in die Geschichte unserer Wünsche, Reinbek b. Hamburg 1984.

Seher-Thoss, Hans C. Graf v.: Die deutsche Automobilindustrie. Eine Dokumentation von 1886-1979. Zweite korr. und erw. Auflage, Stuttgart 1979.

Söderström, Clärenore; Kuball, Michael: Söderströms Tagebuch 1927-1929. Die erste Autofahrt einer Frau um die Welt, Frankfurt 1981.

Sonnemann, Rolf (Hrsg.): Geschichte der Technik. Zweite Auflage, Köln 1987.

Statistisches Bundesamt: Verkehrsunfälle 1992. Auszug aus Fachserie 8, Reihe 7 der Gruppe Verkehr VC-81, Wiesbaden, Stuttgart September 1993.

Thérame, Victoria: Die Taxifahrerin. Übersetzt v. Uli Aumüller, Reinbek b. Hamburg 1978, 5. Aufl. 1991.

Tragatsch, Erwin: Das große Rennfahrerbuch, Bern/Stuttgart 1970.

ders.: Die großen Rennjahre 1919-1939, Bern/Stuttgart 1973

Verband der Haftpflicht-, Unfall- und Kraftfahrzeugversicherer (HUK, heute: Verband der Schadensversicherer VDS, Hrsg.): Fahrzeugsicherheit 90, Analyse von PKW-Unfällen, Grundlagen für künftige Forschungsarbeiten, München, 1994.

Verband der Deutschen Autoindustrie (VDA): Auto 94/95, Jahresbericht, Frankfurt/M. 1995

Vester, Frederic: Ausfahrt: Zukunft, München 1990.

Reden, Beiträge, Aufsätze

Alex, Ralph: Der feine Unterschied. Aus: Auto, Motor und Sport, Heft 21, Stuttgart, 1991

Benz, Carl, Dr.: Wir fahren in die Welt. Die erste Fernfahrt. Aus: Deutsche Allgemeine Zeitung, Berlin Morgen-Ausgabe, Berlin, o.J.

Bielmann, Gudrun: Frauen in einem Männerbetrieb. In: Auto, Auto über alles? hrsg. v. Kraus, Jobst, Freiburg 1987.

Bierau, Dieter: Autofahrerinnen - Unfallbeteiligung und Unfallursachen in der amtlichen Statistik. Sonderveröffentlichung des Statistischen Bundesamtes, Wiesbaden 1987.

Brunel, Antoine (Hrsg.): Des Femmes et des Automobiles. Nouveaux Comportements, Passion et Raison. Beilage v. Automobiles Classiques, Heft Nr. 4/92, Paris 1992.

Brunner, Matthias: „Es war nie von Vorteil eine Frau zu sein". Interview mit Giovanna Amati. In: Motorsport aktuell, Nr. 12, 11.3.92, Bern 1992.

Deutsche Shell Aktiengesellschaft: Motorisierung nach der Vereinigung. Shell Szenarien des PKW-Bestandes bis zum Jahr 2010, Hamburg 1991.

Deutsche Verkehrswacht (Hrsg.): Frauen mögen's anders. Junge Mitfahrerinnen. Faltblatt, Meckenheim 1992.

Emmerich, Erika: Frauen in Führungspositionen. In: Initiative zur Frauenförderung in Unternehmen, hrsg. v. Verband der Automobilindustrie, Frankfurt 1990.

Fersen, Olaf v.: Geschichten aus der Historie des Automobils. Wie ein Schiffsingenieur, ein Architekt und eine Abenteurerin die Autoindustrie revolutionieren wollten. Aus: Die Welt, Ausg. v. 24.12.93, Berlin 1993.

Flothmann, Karin: Frauen auf dem Land zwangsmotorisiert; aus: Die Tageszeitung, 292/92, Berlin, 7.12.92

Frink, Gloria: Frau und Auto. Vortrag der Contest-Census auf einer Veranstaltung des Burda-Verlages in München, September 1990.

Fuchs, Christine: Meisterinnen bei Audi. In: ME-Magazin, Heft 8, Köln 1993.

Gatermann, Michael: Erfolg auf allen vieren. Aus: Manager-Magazin Nummer 7/83, Hamburg 1983.

Hauch-Fleck, Marie-Luise: Erika Emmerich: Die furchtlose Präsidentin. In: Die Zeit, Nr. 31. Hamburg 1988.

Häring, Rolf: „Ich werde mir einen neuen Wettbewerb suchen". Interview mit Michèle Mouton. In: Auto-Illustrierte, Heft 12, Zürich 1986.

Heggen, Rolf: Unermüdlich wie ein Diesel die Karriere vorangetrieben. Tischgespräch mit Erika Emmerich. In: Industriemagazin, Heft 5. München 1989.

Heiman, Andrea: Beyond Thinking Pink. Cars have a long reflected men's need. In: Times, Nr. 24, London 1991.

Hornberger, Ann-Christin: Professur ja, Autofahren nein. Frauen demonstrieren in Riad für die Fahrerlaubnis, Aus: Süddeutsche Zeitung, Nr 16, 19/20. 1. 91, München 1991.

Hornung, Thora: Frauenbewegung. Personenhistorie über Frauen im Rennsport. Aus: Motor-Classic, Heft 8, Stuttgart 1988.

Jurkeit, Rolf: Charlotte Priesner - Die erste KFZ-Mechanikerin. Aus: ADAC-Motorwelt, Heft 10, München 1975.

Kretschmer-Bäumel: Mann oder Frau: Wer fährt sicherer Auto? Aus: Aral: Autofahrerinnen, Essen, 1988.

Lanfranconi, Paula: Angst, die nächtliche Begleiterin. Aus: Tages-Anzeiger Zürich, Nummer 82/93, Zürich, 7.4.93

Loewe, A.G.v: Sie oder Er? Wer hat das letzte Wort beim Autokauf? In: Motor, Heft 12, Union Deutsche Verlaganstalt, Berlin 1927.

Mercedes Benz (Hrsg.): Marktforschung, Eurosensor. Sonderauswertung: Einstellungen der Frauen zum Auto. Bericht 6/93, Stuttgart 1993.

Nordwig, Rita: Die Porscheritis. In: Christopherus, die Zeitschrift für den Porschefahrer, Heft 14, Stuttgart 1955.

Ostle, Dorothee: Vor allem nützlich sollte es sein. Wie Frauen das Auto sehen und wollen. Ein Fiat-Symposium. Aus: Frankfurter Allgemeine Zeitung, Nr. 290, 14.12.93, Frankfurt 1993.

Priemer, Birgit: Rose Gerrit Huy: Dorn-Röschen. In: Auto, Motor und Sport, Heft 10, Stuttgart 1992.

Prüller, Heinz: Tigerin von Turin. Lella Lombardi: die einzige Frau im Grand-Prix-Sport. In: Auto, Motor und Sport, Heft 26, Stuttgart 1975.

Reckziegel, Ina: „Erfolg ist nicht nur Männersache". Interview mit Michèle Mouton. In: Sport-Auto, Heft 1, Stuttgart 1981.

Reckziegel, Ina: „So manchen habe ich erst jetzt überzeugt". In der Männerdomäne Autorennsport holt sich Ellen Lohr auf die einzig mögliche Weise Anerkennung - durch Erfolg. In: Süddeutsche Zeitung, Nr. 146, 27.6.92, München 1992.

Richter, Erna: Die Dame in der Fahrschule, beim Kauf und am Steuer. In: Motor, Heft 12, Union Deutsche Verlagsgesellschaft, Berlin 1927.

Schleef, Andreas: Frauen bei Audi - Fördern und Fordern. Vortrag zum Thema weibliche Führungskräfte in der Personalentwicklung, Ingolstadt, 1993.

Schwerter, Inge: Frauen wollen auch in der Autoindustrie ans Steuer. In: Handelsblatt, Nr. 119, Düsseldorf 1991.

Siepert, Theodor: Models, Schrott und Moneten. In: ADAC-Motorwelt, Heft 12, München 1993.

Spitzner, Meike: Feministisch-ökologische Verkehrspolitik in Deutschland. Aus: Verkehrszeichen, Heft 2, Wuppertal 1993.

Steppan, Rainer: Weibliche Waffen. In: Wirtschaftswoche, Nr. 49. Düsseldorf, 1992.

Völker, Herbert: Aber, aber meine Damen. In: Motor-Revue, Heft 6, Wien 1983.

Wagner, Werner: Autotests - für Frauen, von Frauen. In: Aral (Hrsg.): Autofahrerinnen, Essen 1988.

Vieser, Susanne: Frauen haben's schwer - Interview mit Walter Röhrl. In: Carina, Heft 4, Offenburg 1987.

Zebandt, Claudia: „Frauen brauchen mehr als nur den Kochtopf"; aus: Stuttgarter Zeitung, Nummer 30/93, Stuttgart, 8.2.93

Anonym: Die Angst der Frauen vor der Nacht, Brigitte-Dossier. Aus: Brigitte 26/92, Hamburg 1992.

Anonym: Frau und Auto. Katalog zu einer Ausstellung der Daimler-Benz AG auf der Automobilausstellung ,88. Stuttgart 1988.

Anonym: Die erste Autofahrerin der Welt erzählt, Besuch bei Frau Benz. Aus: Pforzheimer Anzeiger, Nr. 35, 11.2.36, und Nr. 36, 12.2.36, Pforzheim 1936.

Anonym: Die erste Londoner Chauffeuse. Aus: Allgemeine Automobil-Zeitung, Nr. 2, Berlin, 1909.

Bildnachweis

S. 28, 141 © Adam Opel AG

S. 116, 117 © Anne-Sophie Kramer

S. 33, 34, 71, 102 © Audi AG

S. 149 © Barbara Beck

S. 31, 61, 81, 91, 105, 107, 156 © BMW AG

S. 49 © Carmen Lorenz

S. 145 © Christoph Bauer

S. 114 © Laura Blossfeld

S. 48 © Lutz-Ulrich Kubisch

S. 17, 20, 29 © Mercedes Benz AG, Historisches Archiv

S. 79, 129 © Mercedes Benz AG

S. 75 © Mitsubishi

S. 5, 71, 84 © Motorpresse International

S. 45 © Porsche AG, Christophorus

S. 70, 113 © Porsche AG

S. 55 © Reinhilde Braun

S. 63 © Toyota

S. 14, 23, 67 © Ullstein Bilderdienst

S. 134 © VDA

S. 138 © Veronique Lamblin

S. 110 © Volvo AG

S. 7 © Volkswagen AG